中华谚语大全

卷四

郑红峰 主编

吉林出版集团有限责任公司

卷八　教育　文化　常识

A

矮子队里选将军

比喻在能力差的人中间选择一个比较好的。

爱而不教，禽犊之爱

禽：鸟类。犊：小牛。指对下属和子女只溺爱而不注重教育，是一种动物式的"慈爱"。也指爱要表现在对子女的严格要求上。

爱徒如子，尊师如父

老师要像爱护子女一样爱护学生，学生要像尊敬父母一样尊敬老师。指师生感情极为深厚。

爱在心里，狠在面皮

指父母对子女的爱是藏在心里的，尽管在外表上却对子女很严厉。换句话说，教育子女要把爱埋在心中，平时要严肃认真，严格要求自己的子女，这样子女将来才能有所作为。

爱之愈深，责之愈严

责：要求。指对孩子越是喜爱，要求就越要严格。

暗中设罗网，雏鸟怎生识

雏鸟：幼小的鸟。比喻年轻人没有处世的经验，容易中他人暗设的圈套。

鳌鱼脱了金钩去，摆尾摇头更不回

意谓有能力的人一旦摆脱困境，就会远走高飞。

B

八仙过海，各显神通

八仙：民间传说中的铁拐李、汉钟离、吕洞宾、张果老、何仙姑、蓝采和、曹国舅、韩湘子八位神仙，他们曾各施法术，渡过海去。后用来比喻各人展示各自的本事。

把势要常踢打，算盘要常拨拉

武术要经常练，算盘要经常打。意谓任何本领都要经常练习才能更熟悉、更精通。

百炼才成钢

比喻人要经过反复的磨炼才会成才。

百星之明，不如一月之光

指一百颗星星的光，也不如一轮明月亮。比喻平庸的人再多，也不如一个能人起的作用大。

拜此人须学此人

指如果拜某人为师，就得谦虚地朝他学习。

拜德不拜寿

指敬人重在德高望重，而不在于年长。

拜师如投胎

指师父好比再生父母。

板凳上学不会骑术，澡盆里学不会游泳

比喻要学习真的本领就必须勇于实践。

棒教不如言教，言教不如身教

棍棒武的体罚不如言语上的教育，言语上的教育不如行动上的以身作则。

棒头出孝子，娇惯养逆儿

指严厉管教才能出孝子，娇生惯养只能养出忤逆不孝的儿子。

棒头出孝子，箸头出忤逆

箸头：筷子。忤逆：不孝顺父母。指如果从小就严加管教，会成为孝子；如果从小就溺爱，会成为六亲不认的人。比喻对子女要严加管教，将来才能有所作为。

宝刀不磨不锋利，没有谚语话无力

指谚语在增强语言表现力上起很大的作用。

宝剑不磨要生锈，人不学习要落后

宝剑不磨砺就会生锈，人不学习就会落在他人的后面。意在说明学习的重要性。

宝石不磨不放光，孩子不教不成长

宝石不经过磨砺就不会折射出光芒，孩子不经过教育就不会茁壮成长。

蓓蕾在枝叶上孕成，知识在学习中积累

蓓蕾：没有开放的花，花骨朵。花骨朵是在枝叶上孕育成的，知识是在日常学习中积累到的。

本领是学出来的，功夫是练出来的

本领：技能；能力。功夫：技能。高超的本领通过刻苦学习才能够获得，出色的功夫通过刻苦练习才能够得到。

笨鸟先飞

比喻能力不强的人，做事应比别人先行一步。常用作谦辞，说自己能力差，不得不比别人早动手。

比赛必有一胜，苦学必有一成

比赛中肯定会有一个胜利者，刻苦地学习终究会有所成就。

笔是智能之犁，书是攀登之梯

指勤于写作能锻炼人的思想，博览群书会使人不断进取。

臂力大,胜一人;知识多,胜千人

指知识的力量远非人的臂力所可比拟。强调学习知识的重要性。

扁担从竹笋长大,博学业从无知起步

指从竹笋长到扁担,从无知以博学需要一个成长和学习的过程。强调坚持学习的重要性。

别君三日,当刮目相看

指读书人三天不见,就要另眼看待。比喻读书人的进步很快。

伯乐一顾,马价十倍

伯乐:相传是秦穆公时期的人,擅长相马。马只要被伯乐看一眼,它的身价就会提高十倍。比喻经过有声望的人提携,人的身价就会大大提高。

不挨骂,长不大

指孩子难免犯错误,只有接受批评改正错误,才能健康地成长起来。

不吃苦中苦,难得甜上甜

指只有经受艰苦磨炼,才能得到事业上的成功或生活上的改善。

不吃馒头也要争口气

比喻即使达不到目的,也要奋发努力。

不打不成才

旧时认为体罚是促使孩子成才的必要的教育手段。

不打不成人,打到做官人

官人:妻子称丈夫(多见于戏文和早期白话)。指对孩子要严格管教到他结婚成家。

不到黄河心不死

比喻不达目的决不罢休。

不到西天,不知佛大小

西天:阿弥陀佛居住的国土。比喻不经过亲自实践,就不知事情的轻重。换句话说,不亲身实践就不知道真实的情况。

不读哪家书,不识哪家字

意谓没有学过就不会知道。

不读书,不识字;不识字,不明理

指不认识字、没有文化,有些事理就不明白。

不耕种,耽误一年;不学习,耽误百年

强调学习文化知识的重要性。

不患老而无成,只怕幼而不学

指人年老的时候一无所成并不可怕,可怕的是年少的时候没有学习。

不会撑船赖河弯

比喻自己没有本领却推说客观条件不好。

不会做官看前样

如果不知道怎样做官,不如看看以往历史的成败教训。也指人们对待自己不会做的事情,可参考从前的例子仿照着做。

不经霜的柿子不甜,不过九的皮毛不暖

指没有经过霜打的柿子不甜,没有经过数九寒天的皮毛不暖和。比喻没有经受过锻炼的人不成熟、不老练。

不经一师,不长一艺

没有老师的教导,学会一门技艺很难。

不怕不懂,就怕不问

不怕不懂不会,只怕不虚心请教别人。

不怕千着会,只怕一着熟

指棋下到末尾之时,也得保持冷静。

不怕千着巧,就怕一着错

指在下棋时,每一步棋都要走得非常巧妙,如果关键的一步走错了,就会导致前功尽弃。

不怕学不会,只怕不肯钻

世上的事,只要用心钻研,没有学不会。

不怕衣衫破,就怕肚里没有货

货:这里指知识、学识。指身上穿着破旧的衣服并不怕,可怕是没有一点知识。

不是一番寒彻骨,怎得梅花扑鼻香

指不经历寒冷的冬天,就不会有梅花的开放。也比喻只有经历了艰难的磨炼,才会有美好的结果。

不受苦中苦,难为人上人

指不受过艰苦磨难,是不可能出人头地的。

不受磨炼不成佛

指人不经受磨难就不会有长进,达到新的一个境界。

不为良相,当为良医

指不能做好宰相,就应当做一个好医生。也指以解除天下的困苦为自己的志向。换句话说,辅佐天子治国,可以活天下命;探究医家奥旨,可以治人之病。

不严不成器,过严防不虞

不虞:不测。指对人要求不严就不会成才,而要求过严则要防备意料之外的事发生。

不因渔父引,怎得见波涛

渔父:以打鱼为生的人。指不是因为有了渔父引导,怎么能够有机会领教波涛呢?比喻若无内行人指点引见,就不会有某种见识。换句话说,要想知道根底缘由,或想见到某人某物,必须有适当的人指引。

不遇盘根错节,不足以成大器

指要成为杰出的人才,就必须有失败和挫折的磨炼。

不遇盘根错节,无以别利器

比喻不经过艰难困苦的考验,就不能识别一个人。

不琢磨，不成大器

琢磨：雕刻和打磨。比喻人没有好的培养教育就不会成为栋梁之才。

布衣可佐王侯，秀才可任天下

布衣：旧时称平民。指出身微贱的人可以辅佐王侯成大业，读书人可以担当救国治天下的重任。

C

才高必狂，艺高必傲

意谓有学问、技艺高超的人，经常会狂傲不羁。

才高遭忌，器利人贪

才能出众的人会遭人忌妒，锐利的器械人人贪用。意谓人与物一样，一旦亮丽出众，就会遭人忌妒。

草莽存英雄，江湖多义士

草莽：指民间。民间存在着英雄豪杰，江湖中有许多的侠义之人。指民间有各种各样的人才。

草有茎，人有骨

指人要有骨气，就像草要有韧茎一样才能生存得好。

草字出了格，神仙认不得

草字不按规律书写，神仙也辨认不了。指草书也是有一定规律的，不能随便乱写。

长考出臭棋

考：思考。臭棋：错棋，败棋。思考过久，举棋不定的时候容易走错棋。指考虑过久过多，反而容易出差错。

长他人志气，灭自己威风

指高抬别人，低贬自己。

常读口里顺，常写手不笨

指学习要常读常写，才能朗读顺口，书写流利。

唱戏的不忘词儿

从事哪一行，就精通哪一行。

朝忘其事，夕失其功

早晨忘记某事不去做，到了晚上就不可能把事办成。指学习、工作要勤勉。

成大事者，不惜小费

指有做大事这种理想的人，不计较花费些钱财或承受些损失。换句话说，要做成大事，就不要吝惜，做事总是要付出一些代价的。

成功无难事，只怕心不专

意谓要做好一件事情并不难，关键在于专心致志。

成人不自在，自在不成人

成人：成才。自在：安逸舒适。指要成为有用的人就不能不受种种约束，自由放任的人不会成有用之才。比喻如果贪图安逸舒适,不刻苦努力,就不会成才。

吃得苦中苦,方为人上人

指能吃大苦的人,才能成为大才。

虫蛀木断,水滴石穿

虫可以蛀断木头,水可以滴穿石头。比喻做事只要日积月累,持之以恒,就会达到目的。

臭棋肚里有仙着

比喻被别人看不起的人,往往有别人意想不到的高招。

初生牛犊不怕虎

指刚生的小牛不怕虎。比喻刚涉足世事的青年人,敢作敢为,无所畏惧。

初生牛犊跑大,学步伢子摔大

伢子:小孩儿。摔:跌跤。指刚出生的牛犊是通过自己跑大的,刚学步的小孩是经过多次跌倒长大的。比喻要放手让年轻人承担重任,让他们在实践锻炼中成长。

除了灵山别有佛

灵山:佛教称灵鹫山为灵山。指除了灵山之外,别处也有佛。比喻除了此地还有其他地方也有机会。也比喻不要死守一条出路,其他地方也会有出路。

除了死法还有活法

指事情的成功在于人的努力,人遇到困境总会有摆脱的办法的。比喻做事情既要按部就班,又要灵活处理。

雏鸟不练飞,是永远振不起翅膀的

雏鸟:刚出窝的小鸟。比喻年轻人不在社会上闯荡就坚强不起来。

处处留心皆学问

学问:知识。只要用心留意,到处都有知识可以学习。

处处有路通长安

长安:今西安,汉、隋、唐的都城。比喻达到目的途径很多。

慈父教孝子,严师出高徒

意谓仁慈的父亲教育出来的儿子孝敬父母;要求严格的师傅教育出来的徒弟技艺肯定高超。

慈母多败子,严家无格虏

格虏:强悍不驯的奴仆。心肠仁慈的母亲往往会惯养出败家的儿子,家风严厉的家庭中不会有强悍不驯的奴仆。

从师如从父

师徒间的关系就像父子关系一样。意指要像尊敬父亲一样尊敬老师。

从小看大,三岁看老

意谓从一个人童年时的表现就可推断其老年时的情形。

措大谒儒流

措大:古时蔑称穷困的读书人。谒:拜见。指读书人拜见读书人。也指什么样的人就接触什么样的人。

错走一步棋，满盘皆是输

指在关键时刻出现失误，往往会导致全局失败。

D

打出来的铁，炼出来的钢

比喻坚强意志是从艰苦的实践中磨炼出来的。

打是亲，骂是爱

指对后代严格管教才是真正的爱护。

打着灯笼儿也没处找

提着灯笼到处去找也没找到。意谓人或物非常出众。

大不正则小不敬

年长的行为不端正，小辈就不会尊敬他。

大才必有大用

意谓真正有才能的人肯定会受到重用。

大材不可小用，小材不能大用

大材小用，屈才；小材大用，误事。

大虫不吃伏肉

大虫：老虎的别称。伏：降伏。伏肉：受惊吓而驯服的动物。比喻本领高超的人不欺负弱小者。换句话说，真正的强者不欺负已经降伏了的人。

大海不嫌水多，大山不嫌树多

比喻有志于学有所成的人不应该自满自足，而应该广泛吸取知识。

大匠无弃材

指技艺高强的匠人手中是不会有废料的。比喻物尽其用或人尽其才。

大萝卜还用屎浇

浇："教"的谐音。萝卜本来就茁壮，不用施肥。指很高明的人还需别人来教吗？用作反问句。比喻生来就高明的人，用不着别人来开导。

大能掩小，海纳百川

掩：遮掩。指大人物能宽容小人物，大海能容纳百川之水。也指人要气量大。比喻胸怀宽广的人，能宽容他人。

大器多晚成

指成就大事业的人往往成功较晚。

大人办大事，大笔写大字

指有大才能的人应去成就大事。

大丈夫报仇，十年不迟

意谓有志气的人等待时机报仇雪恨。

大丈夫报仇，三年不迟

指有志气的人会等待时机成熟后，才报仇雪恨。比喻有大作为的人，报仇不会急于求成，会等到时机成熟时，再采取行动。

担水向河里卖

意谓在行家面前卖弄自己。

耽误了庄稼是一季,耽误了孩子是一代

指教育后代事关重大,一旦耽误了,会影响到下一代。

胆大如斗,心细如发

意谓胆大心细,遇事不慌,有勇有谋。

胆量是斗出来的,志气是逼出来的

意谓艰苦的环境可以磨炼出坚强的意志。

胆是吓大的,力是压大的

意谓胆量是在惊吓中变大的,力气是从锻炼中增长的。

但存方寸地,留与子孙耕

方寸地:指良好的精神品质。指把良好的精神财富留给后代是最重要的。

当家方知柴米贵

指当了家才知道生活的不易。

刀钝,石上磨;人钝,世上磨

指刀如果不锋利,要放在砥石上磨砺;人如果不明智,要放到社会上锻炼。

刀快不怕脖子粗

比喻有本领就不怕工作棘手。

到处留心皆学问

指所到之处,只要用心观察,都能学到知识。

道高龙虎伏,德重鬼神钦

指道行高能使龙虎降伏;德高望重就连鬼神都钦佩。

道化贤良释化愚

道:指道教。释:指佛教。指人是可以被教育被感化的。

道在圣传修在己

道:学问。圣:老师。指学问由老师教给,而真正的掌握并用于实践则要靠自己的努力。

得十良马,不若得一伯乐;得十利剑,不若得一欧冶

得到好马再多,不如得到伯乐一个;得到利剑再多,不如得到欧冶一人。指人才比什么都重要。

灯不亮要人剔,人不明要人提

指人有时需要他人的提醒才会明白一些事理。

低棋也有神仙着

着:棋着,棋局中落子为一着。指低劣的棋手,有时也会下出极高明的一步棋。也指低能的人有时也会有过人之处。

冻死不烤灯头火,饿死不吃猫剩食

形容宁愿死掉也不会接受屈辱的施舍。

冻死迎风站，饿死不弯腰

形容人在困境中宁死不屈的精神状态。

读哪家书，解哪家字

指做什么营生，就要打算什么事，讨论什么道理。

读书不离案头，种地不离田头

意谓干任何事情都要专心致志。

读书不知意，等于啃树皮

指读书如果不能领会其中的内容含义，那就同啃树皮一样没有滋味，得不到好处。

读书人怕赶考，庄户人怕薅草

薅草：用手拔草。指读书人怕的是考试，庄户人怕的是弯腰拔草。也指各个行业的人都有自己最头疼的事。

读书人识不尽字，种田人识不尽草

任何一个读书人也认不全所有的字，任何一个种地人也认不全所有的草。意谓学习知识是没有尽头的。

读书三到：心到口到眼到

指读书要求聚精会神，心要领会，口要朗诵，眼要凝神。

读万卷书，行万里路

指既要懂书本知识，又要亲身参加社会实践，获得实际的现场经验。

E

儿女情长，英雄气短

指沉湎于男女私情的人，其雄心壮志势必被销蚀。比喻英雄常会因儿女之情，失去进取之心。

儿女做坏事，父母终有错

指儿女做了坏事，做父母的要承担一定的责任。

F

焚香挂画，未宜俗家

指焚香料，挂字画，不是普通人家做的事。比喻焚香挂画过于铺张浪费，普通人家承受不起。

夫子门前读孝经

比喻在行家里手面前卖弄本领。

扶不起的刘阿斗

比喻扶植无法培养的庸人。

父强子不弱，将门出虎子

虎子：指勇猛的儿子。指父辈出类拔萃，儿女不会平庸。

父兄失教，子弟不堪

指父亲兄长家教不严，家中的小辈就很难有作为。

富不教学，穷不读书

指教学太清苦，读书费钱财。

G

甘吃苦中苦，果为人上人

指甘愿经受艰苦的磨炼，以后才可以出人头地。

赶鸭子上架

比喻被逼着去做超过自己能力的事。

高门出高足

高足：指好学生。指技艺高超的师傅能培养出优秀的徒弟。

高山出俊鸟

指山高了才会有俊美的鸟。比喻偏远地方往往会孕育出许多优秀的人才和美妙的事物。

高者不说，说者不高

指本事大的人不炫耀，炫耀自己的人本事不大。也指有学问、高明的人不说大话，爱说大话、爱吹牛皮的人并不高明。

各师父各传授，各把戏各变手

指每一个师傅都有自己独特的传授方法，就像不同的戏法有不同的变化一样。

给学生一杯水，教师先要有一桶水

指只有老师拥有了丰富的知识，才能更好地教育他的学生。

根子不正秧子歪

比喻如果长辈的品行不端正，就会给晚辈造成不良的影响。

工多出巧艺

指工夫花费得多，技艺自然精湛。

公修公得，婆修婆得，不修不得

修：指修行。得：指佛教所谓的得到正果。比喻谁努力谁就能得到他想要得到的东西，不努力就什么也不会得到。也比喻只要作了努力就会有收获。

功不成，名不就

没有建立功业，也没有名声。意谓功名一无所成。

功到自然成

只要功夫到家了，事情自然会成功。意谓只要认真踏实地做事情，一定会有所成就。

功夫不负有心人

意谓只要勤学苦练，就一定会办好事情。

狗肉上不得台盘

比喻人的能力或品质差，不够基本水准。也比喻卑劣的东西在庄重正式的场合是没有地位的。

苟有恒,何必三更眠五更起;最无益,莫过一日暴十日寒

暴:同"曝"。一日暴十日寒:晒一天,冻十天,比喻勤奋的时候少,懒惰的时候多,没有恒心。指做事情如果能坚持到底,就用不着晚睡早起搞突击,最不好的就是时勤时懒没有恒心。

姑娘十八变

指女孩子在发育成长的过程中容貌会有很大变化,往往会出落得更加秀美。

孤犊触乳,娇子骂母

指独生的牛犊往往顶撞母牛的乳房,娇惯的儿子则会骂自己的母亲。也指娇惯的子女不孝顺,不成器。

乖子看一眼,傻子看一晚

乖:伶俐,机警。指聪明的人只要看一眼就学会了,而笨拙的人即使看上一个晚上也学不会。

关公面前耍大刀

比喻在行家面前卖弄本领。

观棋不语真君子,把酒多言是小人

把酒:端起酒杯。指看他人下棋不给任何一方出主意才是真正的君子,喝醉了酒胡乱瞎说是小人。

观千剑而后识器

千:形容多。指看过许多剑之后才能识别出真正的宝剑。比喻只有在反复学习和阅读中才能提高鉴赏力。

惯子如杀子

惯:纵容子女养成不好的习惯或作风。过分宠爱孩子就如同亲手杀了孩子一样恐怖。告诫不要过分溺爱自己的孩子。

棍头出孝子,娇养无义儿

娇:过度爱护。只有严格管教才能培养出孝顺的儿子,娇生惯养只会使子女无情无义。

蝈蝈多了显不出你叫,八哥多了显不出你俏

比喻在人才聚集的地方,普通人不容易显露出来。

H

孩子长成人,转眼一瞬间

指孩子成长得很快。

孩子提娘,说来话长

指孩子的长大成人,全靠母亲的哺育,提起母亲就有说不完的话。也指事情复杂曲折,一言难尽。

海鸥老在窝里不飞,翅膀是不会硬的

常用来比喻人是在实践中锻炼成长的。

汗水换来丰收,勤学取得知识

指只要辛勤劳动,努力学习,就可以取得成功学到知识。

好刀要在石上磨,好钢要在火中炼

比喻人要想有所作为,必须在实践中锻炼成长。

好舵手会使八面风

好舵手:此处指有经验有才能的领导者。使:用,控制。八面:指多方面。风:指风浪、风险。比喻有经验的领导者能处理各种艰难的局面。换句话说,有经验有才干的领导,能控制来自方方面面的艰难险阻,不论出现什么样的异常情况都足以应付。

好汉不怕出身低

指只要人的才能出众,出身低微是无关紧要的。也指只要人品高尚,有才能,不必担心出身低微,自会展现杰出本领。

好汉不提当年勇

指有作为有志气的人不夸耀以往的业绩,应该在新的形势下创立新功,为开创新的局面而努力前进。

好汉识好汉

比喻有作为的人赏识有才能的人。

好汉做事好汉当

指谁做的事就由谁来担当责任。换句话说,正直的人或敢作敢为的人,做事敢于承担责任,即便有过错,也不诿过于人。

好记性弗如烂笔头

弗如:不如。指记忆力再好,也不如用笔记下来准确。比喻应勤于用笔记录应该记住的东西,否则容易遗忘。强调积累知识,充实头脑,不能只靠好记性,而要靠用笔勤记录,把好的有益的东西随时记下来。

好马不吃回头草

比喻有志气的人不走回头路。也比喻有作为的人处事果断,不会反悔。

好马不停蹄,好牛不停犁

指好马不停蹄地奔驰,好牛不停步地拉犁。比喻勤劳的人终生不会停止为社会作奉献。说明有志向的人就应该不断进步。

好男不吃分家饭,好女不穿嫁时衣

指有志气的人不依赖父母的钱财生活。换句话说,有志气的男子和女子不依靠婚嫁时父母的赠与而生活,而是自己勤奋劳作,自创基业。

好书不厌百回读

百回:很多遍。指好书要多读,读得越多收获越多。

好树结好桃,好葫芦开好瓢

意谓一个人成才与否,与先天条件有很大的关系。

好铁不打不成钢

意谓人必须经过艰苦的磨炼才能成才,就像铁经过千锤百炼才能成钢一样。

好铁靠千锤，好钢靠火炼

钢铁是经过千锤百炼而成的。意谓优秀的人物是从实践中经受磨炼而产生的。

行家看门道，外行看热闹

指内行的人注意的是行业的窍门，而外行人只看外表的热闹情况。比喻懂行的人才能看出问题的关键，不懂行的人只能是看看表面现象。

行家莫说力巴话

力巴：外行。指内行人不要说外行话，不要故意兜圈子，应直截了当地说明白。

行家一伸手，便知有没有

意谓内行人经验丰富，一看就能知道真实的情况。

行行出状元

指不论是哪一种行业都可以出人才。也指每个行业都会有优秀的人才。

河界三分阔，计谋万丈深

棋盘虽小，但摆阵厮杀的棋术却非常深奥。

河深海深，最深莫过父母恩

意谓天底下最为深厚的感情是父母的养育之恩。

黑发不知勤学早，白头方悔读书迟

指年轻时不勤奋学习，年老了再后悔就来不及了。

恨铁不成钢

怨恨铁不变成钢。意谓对所期望的人不求进步而表现出焦急不满。

虎父无犬子

比喻父亲杰出，儿子也不会平庸。换句话说，如果父亲的本领高强，他的儿子在其影响教育下，本领也不会差。

花开在春天，读书在少年

指少年是读书的最好时期，应努力学习文化知识。

花盆里长不出栋梁，鸡窝里练不出翅膀

比喻只有在广阔的天地里，在艰苦的环境中，才能锻炼青年成长为有用的人才。

花有重开日，人无再少年

花谢了到来年还会再次开放，人老了却不会返老还童。意谓人应珍惜青春年华。

画鬼容易画人难

指鬼是虚无的，想怎么画就怎么画；人是现实存在的，不可以乱画。

画匠不信神

指画匠知道神像是人画的，所以不信神。比喻假的事物骗不过知道底细的人。

槐花黄，举子忙

举子：古时参加科举考试的读书人。古时指槐花开时，正是举子忙于考试的季节。

皇天不负读书人

旧指只要下苦功攻读诗书，终有飞黄腾达的一天。

皇天不负好心人,皇天不负苦心人

指心肠好的人会得到好的回报;勤奋刻苦的人终归会成功。也指读书人只要肯下苦工夫学习,总会有出头之日。

皇天不负苦心人

指上天不会辜负辛勤努力的人。比喻勤劳刻苦的人做事终会成功。

黄金要纯靠烈火,钢刀锋利要勤磨

意谓只有经过艰难的磨炼才可以成才。

黄狸黑狸,得鼠者雄

狸:山猫。比喻不管是谁,能办成事情的就是能人。换句话说,不管采取哪种办法,效果好、能达到目的就是好办法。

黄筌画鹤,薛稷减价

薛稷:唐代著名画家。指五代后蜀画家黄筌善画六鹤,使唐代以画鹤著称的画家薛稷的名声大减。

会捉老鼠的猫儿不叫,会偷情的人儿不躁

比喻有真本事的人不动声色。换句话说,会办事的人不露声色,能做实事儿的人不一定非得吵吵嚷嚷。

浑身是铁打得多少钉儿

指能力有限。比喻一个人的能力再大再强,也是有限的。提醒人们不要恃强自满。

活到老,学到老

指学无止境。比喻世上值得学习的知识非常广博,学习是没有尽头的,每个人都需要不断地学习。

活人还能叫尿憋死

指困难难不倒人,总会有办法去克服。比喻遇到任何困难总有解决的办法。

J

鸡窝里飞不出金凤凰

比喻荒山僻壤里出不了杰出的人才。也比喻在普通的环境中产生不了优秀的人才。这句谚语有片面性,因此有反其意而说的"鸡窝里飞出了金凤凰",是说穷山沟里也会出有本事的人才。

积财千万,不如薄伎在身

伎:同"技"。指积累成千上万的钱财,不如学会点小技能在身上。也指有一专长胜过有很多积蓄。告诫人们,不可长期依靠父母,钱财也不可能永聚,应该学一技之长而自立,以应不时之需。

积丝成寸,积寸成尺,寸尺不已,遂成丈匹

把蚕丝一根一根地积累起来,不停地纺织,就能织成成丈、成匹的绸缎。比喻学习日积月累,持之以恒,肯定会有很大的收获。

既成童，经义通；秀才半，纲鉴乱

童：童生，明清时称秀才以下的学子。纲鉴：明清人仿宋代朱熹《通鉴纲目》体例编的史书。指在做童生时，儒家经书的义理已经通晓了；秀才还没考上，纲鉴等史书已经反复读过了。旧时指治学首先从经书史书上下工夫。

家富小儿骄

指家庭富有，孩子性格就骄横。比喻家庭富裕的孩子容易养成骄奢放纵的性格。

家里有了梧桐树，不愁招不来金凤凰

意谓俊男俏女自能吸引异性追求，就像凤凰专择梧桐树栖息一样。也指好的条件自能吸引有才能的人。

家无读书子，官从何处来

读书才能当官。古时指读书是做官的主要途径。

家有三斗粮，不当孩子王

旧指只要家中还能勉强度日，就不要选择教师这个职业。这是因为旧社会给孩子当老师既不容易，又无社会地位。

家有一老，黄金活宝

指老年人丰富的阅历，比金银财宝还珍贵。

肩不能挑担，手不能提篮

比喻没有任何能力。

见不尽者天下事，读不尽者天下书，参不尽者天下之理

指人的阅历和知识有限，不可能见尽天下的事，读遍世上的书，参透世上的理。

箭头虽利，不射不发；人虽聪明，不学不知

比喻再聪明的人也要不断学习才能得到新知识。

江湖一点诀，莫对妻儿说

指江湖上的诀窍，连妻子儿女这样亲近的人也不可以说。

江山风月，本无常主

自然景观不是某个人专有的，人人都可以享受拥有。

将门出虎子，名师出高徒

指世代为将的门第会产生英武的子弟，有名的师傅会带出技艺超群的徒弟。

将帅无能，累死三军

指领导者没有本事，下属便会受苦遭殃。

将相本无种，男儿当自强

指将军、宰相都不是天生的，男子汉应当努力进取，奋发向上。也指才干、本领不是靠遗传得到的，作为男子汉理应奋发图强。

娇养不如历艰

对子女娇生惯养，不如让他们到艰苦的环境中去磨炼他们。

浇花要浇根，教人要教心

指教育人要从根本上，即从思想上入手。也指解决问题要从根本上着手。

浇树要浇根

给树浇水,要浇在树的根部。常用来比喻教育人要先从根本抓起,从提高人的思想素质入手才会奏效。

蛟龙得云雨,终非池中物

蛟龙:传说中的无角龙。指蛟龙得到云雨就会飞腾,不会一直在水池中。比喻有才能的人一旦有好的机遇,就会充分发挥他的才干,有所建树。

教不严,师之惰

指管教不严是老师的失职。

教妇初来,教儿婴孩

指教导媳妇的好时机是她刚嫁来的时候,教育儿子最好是在他还在婴孩的时候。比喻教育宜早不宜迟。

教会徒弟,饿死师傅

师傅的手艺给了徒弟,徒弟就会变成师傅的竞争对手,抢师傅的饭碗。

教人先要知心

指教育者要首先了解受教育者的思想情况,才能有效地施教。

教奢易,教俭难

教人奢侈浪费容易,教人勤俭节约却不容易。

教学相长

指教育者与受教育者应互相促进。

教子不严父之过,养女不周娘之错

意谓对儿子教诲不严是父亲的过失,对女儿培育不周是母亲的过错。

教子之法,莫叫离父;教女之法,莫叫离母

教育子女的有效办法,就是不要让他们离开父母。指父母对子女的教育作用最大。

界河三寸阔,智谋万丈深

指棋盘上的界河虽然只有三寸宽,但摆阵厮杀出来的棋术却相当深奥难懂。

金角银边

比喻围棋棋盘的边角部位是战略要地。

金玉其外,败絮其中

表面上像金玉一样美好,而里边却是破棉絮一堆。意谓人光有其表面而没有真才实学。

经纪的口,判官的笔

经纪:为买卖双方撮合而收取佣金的人。指经纪人巧舌如簧,容易使人上当;判官一字千钧,定人生死。也指经纪人的口和判官的笔是同等厉害的。

经师不名,学艺不高

指没有受过名师的指教,技艺不会高强。

经一番挫折,长一番见识

经过一次失败,就会吸取一次教训,增长一些知识。意谓失败可以使人从中吸取教训。

经一事，长一智

经历一次挫折，从中吸取教训，就可以增加聪明才智。

井水越打越来，力气越使越有

指人的力气越锻炼越大。

井淘三遍吃甜水，人从三师武艺高

指井多淘几遍就能会有甘甜的水，人多跟几个师傅学习，就会见多识广，本领高超。比喻多下工夫就有收获。说明只要不辞劳苦，广识多学，工夫下到家，就会有所成就。

井要淘，儿要教

儿女要经常教育，就像水井要经常淘淤泥一样。

镜愈磨愈亮，泉越汲越清

镜：这里指铜镜，古时以铜作镜，故须常磨。汲：提取水。比喻技艺或为人处世，越磨炼越纯熟。

君子不吃无名之食

意谓正派的人不收取不明不白的礼物。

君子不夺人之所爱

意谓有道德修养的人不抢走别人所喜爱的东西。

K

开卷有益

卷：书卷。指只要打开书本，就会有好处。也指书能给人教益。劝诫人应当多读书。

开口奶要吃得好

开口奶：第一口奶。指婴儿第一口奶吃得好，以后喂养才会顺利。比喻学习开始，基础打好了，才会学得扎实、深入。

砍了头，碗大的疤

常用来视死如归的一种态度。

看好样，学好样

意谓看见好样的人就向他学习。

看景不如听景

亲自观看风景，有时反而不如听他人讲解而了解得多。

看了《诗经》会说话，看了《易经》会算卦

读了《诗经》，人就懂修辞，说话有文采；学了《易经》，人就懂阴阳，会算卦占卜。

看戏问名角，吃饭问名厨

指名角主演的戏会吸引众多观众，名厨掌勺的饭店会招来大批顾客。

炕头上练不出千里马，花盆里长不出万年松

比喻要想成为栋梁之才，必须在实战中经受磨炼，经受考验。

考试的童生，出阵的兵

童生：明清两代称没有考秀才或没有考取秀才的读书人。旧指参加考试的童生及将要出征打仗的兵都是不好惹的。

空心萝卜大肝花

意谓人外表壮实内里却没有真才实学。

孔子家儿不识骂，曾子家儿不识斗

孔子家的子弟不骂人，曾子家的子弟不打架斗殴。指知书识礼人家的孩子讲文明懂礼貌。

口服千句，不如心应一声

指口服比不上心服。

口上仁义礼智，心里男盗女娼

意谓嘴上说得冠冕堂皇，实际上却道德极其败坏。

苦海无边，回头是岸

原是佛家用语，指尘世间的苦难就像大海一样无边无际，但只要皈依佛法修身悟道，就可以获得超脱。现今多用来劝诫人改恶从善。

快刀不磨是块铁

指快刀不磨，和一块废铁一样无刃。比喻人不学习、不磨炼，纵然聪明也不能成才。

快刀斩乱麻

意谓处理复杂的问题迅速果断，有魄力。

快马不用鞭催，响鼓不用重锤

比喻有头脑的人物，不用多说就明白事理。

快马跑断腿

比喻能干的人多做事多受累。

快棋慢马吊，纵高也不妙

指下棋时，切忌出子太快，否则会连连失误。

筷头上出忤逆，棒头上出孝子

指父母对子女过于溺爱，子女长大后不会孝顺父母；只有严加管教，才能培养出孝子。

困境识朋友，烈火辨真金

指艰难的环境中才能识别出谁是真正的朋友，在艰苦的磨炼中才可以分辨出谁是品德高尚的人。

L

来者不拒，去者不追

对来求学的人一概不拒绝，对自愿离去的人也不勉强。

烂肉煮不出香汤

比喻在不好的环境里，造就不出好的人才。

郎不郎，秀不秀

郎：明清时代对低贱者的称呼。秀：对高贵者的称呼。比喻人高不成低不就，没出息。

稂不稂，莠不莠

既不像稂又不像莠。意谓人平平庸庸，碌碌无为不成才。

老将出马，一个顶俩

指经验丰富的人，一个人能起到两个人的作用。

老人不讲古，后生会失谱

古：过去的传统。谱：指标准。指老年人如果不告诉年轻人以前的传统，年轻人做事就会没有标准。

老人发一言，后生记十年

指老年人的话对年轻人有深远的教育指导作用。

老天不负苦心人

意谓只要肯下大工夫，就肯定能获得成功。

老子偷瓜盗果，儿子杀人放火

如果父亲的行为不检点，儿子就会变本加厉。指父母的行为对子女的影响极大。

老子英雄儿好汉，强将手下无弱兵

父亲优秀能干，儿子也肯定是好样的；将领武艺高强，士兵就没有胆怯懦弱的。

历经苦中苦，才为人上人

意谓人只有经过各种艰难困苦的磨炼，才能够出人头地。

良贾深藏若虚

良贾：善于做生意的人。指善于经商的人经常深藏有财物不外露。比喻有才学有本领的人不炫耀自己的才能。

良马不窥鞭，侧耳知人意

窥：察看。指好马不等驾车人挥起鞭子，侧耳就能领会驾车人的心意。比喻才智高的人，善于体会领导者的意图，办事不用督促。

良马见鞭影而行

比喻有才干的聪明人做事不需要催促，就能领会意图，主动去做。

两耳不闻窗外事，一心只读古人书

比喻不关心世事，只顾埋头读书的人生态度。

烈火才见真金

意谓只有通过严峻的考验才可以发现优秀的人才。

烈火炼真金

比喻严峻的斗争，才能锻炼出意志坚强的人。

烈火识真金，百炼才成钢

比喻只有经过严峻的考验才可以显出真正的强者，经过千锤百炼才可以成为有用的人才。

临渊羡鱼，不如退而结网

渊：深潭。结网：制作捕鱼的工具。指走到深潭边，看到鱼肥鲜美，羡慕空想得到，不如返回去结网捕鱼。比喻要想达到某种目的，与其空想，不如实际去做。

龙归沧海，虎入深山

比喻有才干的人要到适合自己、能发挥自己优势的地方去。

路遥知马力，日久见功夫

遥：远。指路途遥远才能知道马力的强弱，时间长了才可以看出一个人的功夫是否精湛。

路遥知马力，事久见人心

指路途遥远方能检验出马力的强弱，时间久了自然能看出人心肠的好坏。

M

麻布袋做不出漂亮的衣服

比喻素质差的人是很难培养提高的。

马上不知马下苦，饱汉不知饿汉饥

指骑马的人不知道步行人的辛苦，吃饱饭的人不知道饿肚子人的饥饿。比喻条件好的人不知条件差的人的苦衷，没有需求的人理解不了有需求人的感受。说明如果不深入群众，亲身实战，也就体恤不了下情。

马行千里，无人不能自往

指马行路的能力再强，若无人驾驭自己也不能前往。常比喻人在推动事态发展中所起的作用。也比喻杰出的人才如果没有人举荐，也发挥不了才能，无法建功立业。

马要骑，人要闯，生铁不炼不成钢

指人不经过实践锻炼是不会成长起来的。

马异视力，人异视识

指马之间的差异是看力气的大小，人之间的差异要看见识的多寡。比喻有才能的人往往见多识广。

蚂蚁爬树不怕高，有心学习不怕老

劝勉人们不要怕困难，要坚持不懈，活到老、学到老。

慢工出巧匠

指慢慢地精心细作，就可以锻炼出能工巧匠。也指精心细作，能显示出巧匠手艺之高超。

忙家不会，会家不忙

比喻会干事的人能干得有条不紊，不显得忙乱，而不会干事的人往往就显得手忙脚乱。

毛羽未成，不可以高飞

指小鸟的羽毛没有干，翅膀没有硬，不能展翅高飞。比喻力量还没有壮大，不足以成就大事。

没吃过猪肉，也见过猪跑

比喻虽没亲身经历过，但曾经见到过。

没风难下雨，无巧不成书

没有狂风就不会下雨；没有巧合的情节，就构不成精彩的故事。指经常会有非常巧的事情发生。

没舅不生，没舅不长

旧时认为外甥要靠舅舅照管成长，外甥家的事要靠舅舅出主意想办法解决。

没有打虎将，过不得景阳冈

景阳冈：在山东省阳谷县城东南景阳冈村，是《水浒》里描写武松打虎的地方。比喻要解决困难问题还得需要有特殊本领的人才行。

没有功劳，还有苦劳

指虽然没有太大的成绩，但也出过一些苦力。

没有修成佛，受不了一炷香

比喻还没有达到一定的水平，承受不起别人的礼遇和给予的责任。

没有严师，难出高徒

指没有严格的师傅，很难培养出高明的徒弟。

眉头一皱，计上心来

眉头一皱：人思考问题时的样子。计：计划，主意，办法。比喻多思考，出智慧。也比喻计谋很快就考虑成熟。

门里出身，自会三分

指家庭环境对孩子成长的影响很大。

民生于三，事之如一

三：指君王、父亲、老师。指人一生中对君王、父亲和老师的侍奉要始终如一。

名师出高徒

指有名望的师傅教导出的徒弟也是高水平的。也指水平高、有名气的老师能够培养出技艺高强的徒弟。

明人点头即知，痴人拳打不晓

指聪明人只要稍微给予暗示就能心领神会，愚笨的人即使打他他都不能明白。

磨墨如病夫，握管如壮士

指写毛笔字时，磨墨不要用力宜轻缓，拿笔写则要用大力。

莫嫌知事少，只欠读书多

不要抱怨自己知道的事情太少，是因为自己读的书不多。劝勉人们要多读书。

N

哪个鱼儿不会识水

比喻一个行业有一个行业特有的技能。也比喻干哪一行业，就会熟悉哪一行业的事情。

男儿不得便，刺头泥里陷

指男子汉大丈夫没有好机会，就如同尖刺陷在泥坑里一样。比喻才干被埋没。

男儿膝下有黄金

指男人不该轻易下跪。

男要勤，女要勤，三时茶饭不求人

三时：指三餐。指家中男女都勤劳，就不用发愁日常生活。比喻一个家庭里，如果夫妻都很勤劳，一日三餐就没有困难。

男子汉不激不发

指男人受到激励才会奋发上进。

男子汉志在四方

指男子汉应该立志天下，建功立业。比喻有志气的男子汉应该树立雄心壮志，以四海为家，成就一番事业。

难者不会，会者不难

指做任何事感到困难就学不会，已经掌握的就不觉得难了。告诉人们，任何难做的事，只要用心学，都能由不会做到会做。

能人之外有能人

指有能力的人很多。也指在能力强的人中间，还会有更高强的人。比喻学识、本领无止境。告诫人们要谦虚谨慎，千万不要骄傲自大。

能书不择笔

擅长书写的人，从来不在乎笔的好坏。比喻真正有能力的人，决不会受客观条件的限制。

能者为师

指谁有真才实学，谁就可以为人师。

泥鳅掀不起大波浪

比喻小的骚动闹不了大的乱子。换句话说，力量弱小者成不了大事。

泥人儿还有个土性

指人总得有点儿个性，有点儿与他人不一样的地方。

泥胎变不成活佛

比喻素质差的人难以变成出众的人。

逆水行舟，不进则退

意谓学习就如同逆水行舟一样，应不停的前进，否则就会顺水而退。

年年防俭，夜夜防贼

俭：指歉收。比喻费尽心思地筹划、经营。

宁扶旗杆，不扶井绳

指为有志气、奋进向上的人提供帮助才有价值。

宁可身骨苦，不叫面皮羞

指宁可生活清苦，也不受侮辱。

宁输一子，不失一先

下棋时输掉几个棋子没什么，关键不能没有全局的主动权。也比喻不论什么事都要努力争取主动。

宁为玉碎，不为瓦全

玉：珍贵之物。瓦：一般的东西。指宁愿作为珍贵的美玉被人打碎，也不愿当作一般的瓦块而保全无损。比喻宁愿保持民族气节而牺牲，不愿丧失坚贞气节而活命。也比喻宁可为保全清白或坚持正义而死，也不苟且偷生。用以赞誉忠贞不屈的英雄。

宁养顽子，莫养呆子

宁可养育顽皮的孩子，也不愿意养育痴呆的孩子。因为顽皮的孩子智力正常，只要养育得当，就会成才。

宁养一条龙，不养十个熊

比喻养育孩子或培养学生，宁可只出一个英才，也不要出十个蠢材。

宁愿站着死，决不跪着生

指宁可为正义事业丢掉性命，也决不可跪着向敌人乞怜求生。比喻宁死不屈。

牛要耕田马要骑，孩子不管要赖皮

指孩子要从小管教才能成才，就像牛马要调教才能听人使唤一样。

驽马恋栈豆

栈：养牲畜的栅栏。豆：指饲料。指能力低下的匹马，大部分贪恋马棚的饲料，懒于行走。常比喻只贪图短时利益，没有远大志向的人。也比喻学识浅薄、贪图安逸、留恋故土、缺乏雄心壮志的人不堪重用。

P

捧不起的刘阿斗

捧：用双手托，指扶助。刘阿斗：三国蜀汉后主刘禅，刘备的儿子，小名阿斗，懦弱无能。刘禅不思进取，刘备死后，虽然诸葛亮等人尽全力扶助，仍然无所作为，不能振兴蜀汉。比喻资质差、碌碌无为的人，想扶助他都没有用。

捧上不成龙

本身就不是龙，非捧上天也成不了龙。比喻不成器的人，再扶持也不会有大作为。

平时不肯学，用时悔不迭

迭：及，赶上。平时不肯用功学习，到时候知识不够用，后悔也来不及。

平时车走直，事急马行田

车、马：象棋棋子。指按规定，车走直线，马走日字格。也指平常时按部就班，遇到紧急情况，马走了田字格。比喻人遇到紧急情况时就会手忙脚乱。

破罐子破摔

比喻自暴自弃，不求上进。

破蒸笼不盛气

蒸笼：用竹篾、木片等制成的蒸食物的器具。盛气：容纳蒸汽。“盛气”跟“成器”

谐言,借指成为有用的人。指破烂的蒸笼留不住蒸汽。比喻人素质低下,没有什么出息。也比喻如果没有志气,就不会有所成就。

Q

七分人事,三分天资

意谓事业的成功,七分靠勤奋,三分靠天资。

七讨饭,八教书

指古时教师的社会地位还比不上乞丐。

棋不看三步不捏子儿

指下棋时不先看准三步,便不要拿起棋子。比喻办事情应该先看准再动手。

棋差一着便为输

指棋局中一步走错就会输棋。比喻做事情时关键性的一步走错,就很难在竞争中取胜。

棋错一步,全盘输光

指下棋走错关键性的一步,全盘棋都会输掉。比喻办事如果在关键处失误,会造成全局失败。

棋错一步,一步输,就步步输

指下棋时走错一步,就会步步被动。比喻在做事时一步失误,会步步赶不上。

棋错一着满盘输

一着:一步棋。指只要走错了关键性的一步,整盘棋就赢不了了。

棋低一着,碍手碍脚

指棋艺低人一等,便步步被动。

棋逢敌手难藏行

行:行迹,这里指计谋。比喻足智多谋的人相遇了,双方都难于施展诡计。

棋逢敌手难相胜,将遇良才不敢骄

指双方本领相当,都不敢轻视对方。

棋逢对手难摘离

摘离:分开。比喻双方武艺差不多,打起来就难分难解。

棋高一着满盘赢

指在双方较量中,本领高的总是胜利者。

棋高一着难对敌

指下棋双方,一方棋高一着,对方就难于交手。比喻在武术较量中,不是同一个级别的就很难应对交手。

棋局既开,终有了时

指一盘棋既已开始,无论时间多长,终有下完的时候。比喻一件事既已开始做,迟早总有个结果。

棋输棋子在,摆开再重来

指输了一局棋,还可以再决胜负。劝诫人不要因为一次的失败就灰心丧气。

棋无一着错

一着:一步棋。指对弈时一步也不能走错,否则会输掉全局。比喻做事情关键时刻不可有一点失误。

棋争一着先

指下棋时要争取先手。比喻做事要运筹在先,掌握主动权。

棋中无哑人

指人们看下棋时,总是忍不住要发表意见。

千般易学,千窍难通

般:种。窍:窟窿,指窍门。指千种本事容易学,千种窍门却不容易精通。也指任何事要学会它容易,但要精通其中的诀窍就不容易。

千部一腔,千人一面

多种乐队演奏的全是一个腔调,许多人都是同一个脸谱。意谓文艺作品千篇一律、公式化,没有新意。

千锤成利器,百炼成纯钢

利器:锋利的刀剑等。炼:烧。指生铁经过千百次锤子的敲打,才能制成锋利的刀剑;经过千百次的烧炼,才能炼出精纯的钢材。比喻经过反复磨炼才能获得优秀的才能。

千个师傅万个法

指不同的师傅,各有不同的方法。也泛指物品种类不同,用法和效果也就不同。

千斤念白四两唱

念白:戏曲中的道白。指念白比演唱更重要。

千金难买心中愿

指人心甘情愿地做事是最难能可贵的。

千军易得,一将难求

将:将领,指有领导才能的人。指千万人的军队容易组建,能统率千军万马的优秀人才,却极难寻觅到。比喻杰出的人才难以寻找。

千日琵琶百日琴,告化胡琴一黄昏

告化:叫花子,乞丐。指精巧技艺的不好学,粗浅的容易学会。

千羊之皮,不如一狐之腋

腋:野兽腋下之毛皮,较珍贵。比喻众多平庸之辈抵不上一个杰出的人。

千招要会,一招要好

指人应会多种技能,并且对其中的一门要掌握精通。

钱财如粪土,仁义值千金

粪土:粪便和泥土,指不值钱的东西。千金:很多的钱,指珍贵的东西。指不要把钱财看得太重,仁义才是最宝贵的。比喻轻视钱财,看重人的情面和名誉。

青柴难烧,娇子难教

青湿的柴不容易燃着,娇惯的孩子不好教育。

青成蓝，蓝谢青；师何常，在明经

青：这里指靛青，一种用蓼蓝的叶子发酵而制成的青蓝色染料。蓝：即蓼蓝，植物名，古时用此提炼靛青。谢：逊色，不如。指青出于蓝而蓝反不如青之色深；老师怎能一直当老师，谁通晓经术谁就是老师。这是北魏时人们对孔璠、李谧互相为师的评论。

青出于蓝而胜于蓝

指靛青是从蓼蓝里提炼出来的，但是颜色比蓼蓝更深。比喻学生胜过老师。

清明不拆絮，到老不成器

清明：二十四节气之一，在四月四、五或六日。絮：棉絮，指棉袄棉裤。成器：指有所作为的人。指清明节天气转暖，年轻人如果还穿着棉袄棉裤，不及时换下来拆洗，就容易养成懒散的习气，身体穿得过暖不利于抵御风寒的侵袭，娇生惯养，就是活到老也不会有什么作为。比喻过分追求舒适，会养成懒惰的习气，丧失志向，将来不会有出息。

穷不读书，富不教学

指古时穷人读不起书，有钱人因书中道理对他不利，不愿意教学。

穷不离猪，富不离书

指穷离不开养猪，富离不开读书。旧时认为喂猪是穷孩子的事，读书是富家子弟的事。

穷秀才人情纸半张

人情：指赠送的礼物。古时指读书人因没钱送不起厚礼，只好作画写字，充当赠品。

求人不如求己

指请求别人帮助，不如依靠自己。也指依赖别人，还不如靠自己的能力去努力。

拳不打少林，脚不踢武当

指少林派擅长拳术，武当派精通脚功。

拳不离手，曲不离口

指练习唱歌要经常不断，练习拳术要坚持不懈。也指只有经常反复练习才能掌握某种技能。比喻熟能生巧，多练就能提高技艺，持久不断功夫就会到家。

群众过百，能人五十

比喻群众中有才能的人多的是。

R

热练三伏，冷练三九

指练功贵在坚持，特别是一年中最热和最冷的时节不能间断。也泛指在最艰苦的环境中锻炼才能出好成绩。

人必自侮，而后人侮

指一个人肯定是自己看不起了自己，然后才会受到别人的侮慢。

人不论大小，马不论高低

指人不能只依据年龄的大小来判别人的能力，就像马不能只依据个头高低来判断马的优劣一样。说明存在有年纪轻轻、本领却很高超的人。

人不怕低，货不怕贱

指出身低微的人仍有机会成功。

人不劝不善，钟不敲不叫唤

劝：劝诫。指人如果不劝诫，就不能改恶从善，就像钟不敲不响一样。比喻人只有听从别人的劝导，才能变好。告诉人们，对犯错误的人要进行教育，才能使他改正错误，步入正途。

人才对了口，必能显身手

有才能的人到了合适的环境中，做利于发挥其特长的事，就必定能显出本领，做出成绩来。

人到知羞处，方知艺不高

知羞：技艺不如人，感到羞愧。指人到了有羞愧感的时候，才能认识到自己技艺上的不足，需要虚心学习，努力前进。

人多一技有益，物裕一备有用

裕：富余。备：准备。指人多学一门技术总有好处，多准备一些东西总有用得着的时候。比喻多学一些技能有备无患，总有益处。意在提醒人们，多学几种本事，以备万一。

人各有志，不可相强

强：勉强。指各人有各人的志向，他人不能勉强他改变。比喻人的兴趣志向不同，不能强迫别人改变。

人过三十不学艺

指人到中年后再学习技艺有比较多的不便。

人生在勤，勤则不匮

匮：缺乏，短缺。指人贵在勤劳，只要勤劳，就不会缺少钱财。也指勤劳是最可贵的，不勤劳就会穷匮。说明只有勤劳才可以富足。

人受一口气，佛受一炉香

指人都不愿忍辱受气。

人往高处走，水往低处流

指人都有向上求发展的愿望，这种本性，与水总往低处流淌是相通的。比喻人都愿意向更好的方向去发展。

人无钢骨，安身不牢

安身：指立身处世。指人如果没有刚强的性格，就难以立身处世。

人无三天力巴

力巴：生手，不懂内行的人。指人只要勤学苦练，很快就会成为内行。

人心都是朝上长

指人们都希望生活越过越好。

人心无刚一世穷

刚：刚强。指人若没有刚强的意志或要强的志气，就会一辈子受穷。

人要闻，刀要砀

砀：带花纹的石头，这里指在磨刀石上磨。指人要在社会中经受磨炼，就如同刀要在磨刀石上磨一样。

人有薄技不受欺

薄技：简单的技艺。指人哪怕掌握了一点薄技，生活中也不会受困。

人有古怪相，必有古怪能

古时指相貌奇特的人，肯定有奇特的本事。

人有人门，狗有狗窦

窦：洞。指人走为人而设的门，狗钻为狗设的洞。也指为人处世应保持人格尊严，不能做辱没自己人格的事情。

人有一技之长，不愁家里无粮

指人只要精通一门技艺，就能维持生计，不用担心家人挨饿。

人在世上炼，刀在石上磨

指人必须经受磨炼才能成熟，就像刀要在石头上磨才能变锋利一样。换句话说，人在社会上生活只有经受锻炼，才能增长才干，就像钢刀只有在石头上反复磨砺，才能锐利一样。

日日杭州，夜夜床头

指每天都向往杭州，想去杭州看看，却每天待在家里，不愿远行。比喻有抱负，想做一番事业，但因恋家却实现不了。讥讽只有愿望而没有行动的人。

如鱼饮水，冷暖自知

本为佛教禅宗用以喻自己领悟的境界。指鱼生活在水中，对水的温度高低，自己当然清楚。常用以喻学习的心得，各人自己有数。比喻生活在其中，又亲身体验过，其中的滋味自己清楚。

儒变医，菜变齑

齑：细，碎，也指切碎的腌菜。指读书人学做医生，就同切碎菜一样容易。

若无破浪扬波手，怎取骊龙颔下珠

骊龙：黑色的龙。颔：下巴。指如果没有在水中搏击波浪的好身手，怎么能取下黑龙下巴上的明珠呢？比喻只有在某方面具备过硬的本领，才能担负责任，取得令人满意的成绩。

S

洒多少汗水，有多少收获

意谓在学习或工作中，下多大的工夫，就会有多大的收获。

三朝媳妇，月里孩儿

指对新媳妇和新生的婴儿都要定规矩，进行教育，以免被娇宠惯坏。

三代不读书会变牛

意谓一户人家如果几代都没有读书人，就会变得愚昧无知。

三翻六坐九拿爬，十个月的伢儿喊爸爸

指出生三个月后的婴儿能翻身，六个月后能坐起，九个月后能拿东西也能爬动，十个月后能发音喊爸妈。也指一般婴儿周岁内的成长情况。

三分画儿七分裱

裱：裱装。指好画还需要有好的装裱。比喻人要想有好的外表还需要适当的装饰打扮。

三分教，七分学

学习本领三分靠老师的传授，七分靠自己的勤学苦练。

三分诗，七分读

意谓朗读技巧有窍门，能为诗作增色添彩。

三更灯火五更鸡

三更：夜间十二时。五更：天将拂晓的时候。三更时房间里还亮着灯，五更鸡叫时就已起床。指起早摸黑，惜时努力。

三更灯火五更鸡，正是男儿立志时

指每天早上五更鸡叫就起床，三更了房间里还点着灯，这正是少年立志奋斗的时间。比喻要利用有限的光阴，刻苦读书，才会成就大事。

三军可夺帅，匹夫不可夺志

三军：对军队的统称。匹夫：泛指平常人。指可以夺得三军的元帅，但却改变不了平常人的志向。形容意志坚强、不可动摇。比喻要坚守自己的志气和节操。

三日不弹，手生荆棘

荆棘：山野中带刺的小灌木。三天不弹琴，手上就会长出荆棘。指技艺需要常常练习，否则就会荒废。

三日打鱼，两日晒网

指打三天鱼。晒两天网。比喻做事或学习没有恒心，时断时续，就将一事无成。

三岁学，不如三岁择师

指用三年的时间自学，不如用三年的时间选择老师。也指投奔名师是学业中比较重要的一步。

三天不唱口生，三天不演腰硬

指掌握唱功和演技贵在勤学苦练，稍有停歇，就会生疏。也泛指一切技艺都需要勤学苦练。

三天不打，上房揭瓦

上房揭瓦：比喻捣乱生事。指对调皮的孩子如果不严加管教，就会经常惹是生非。

啥师带啥徒

指什么样的师傅就会教育出什么样的徒弟。

山山出老虎，处处有强人

比喻到处都有才能出众的人或出类拔萃的人。

山要绿化,人靠文化

山要绿化,才能保持住水土;人有文化,就可以把握住前进的方向。

山再高也高不过两只脚

比喻困难大,决心更大,即使是高山骇浪,也吓不倒生活的强者。也比喻邪不压正,即使困难再大,也能够战胜它。

杉木尾子做不了正梁

比喻人才使用不当,小材大用。也比喻小才派不上大用场。

上有天堂,下有苏杭

苏杭:指苏州和杭州。指苏州和杭州风景秀丽,和神话中的天堂一样美好。

少所见,多所怪

形容人因见识少,遇事总是大惊小怪的。比喻人见识少,碰到以前没有见过的新鲜事,就容易大惊小怪。

身教重于言教

指以身作则比泛泛而谈更有效。

神仙下凡,先问土地

土地:掌管一个小区域的神。比喻位高权重者来到一个地方也需要向该地的当权者请教。

生有涯,学无边

涯:边际,界限。指人的生命是有限的,而学习知识永远没有尽头。

圣人府里没文盲,老师手下没白丁

白丁:封建时代指没有功名的人,现今指没有文化的人。指在良好环境的熏陶下,在教师的指导下,人们的文化水平逐步提高。

圣人门前卖字画

比喻在内行面前卖弄本领。

圣人门前卖字画,佛爷手心打能能

比喻浅薄的人总爱在高人面前卖弄自己,表现出无知。

师访徒,徒访师,各三年

指师傅要花费时间挑选好的徒弟,徒弟要花费时间寻访好的师傅。也指师访徒、徒访师是件严肃而认真的大事,不可草率行事。

师父是镜子,徒弟是影子

指师傅的品德和技艺集中在徒弟身上反映出来。

师傅不明弟子浊

浊:糊涂。师傅平庸一般,徒弟也就糊涂无能。

师傅教不了自家儿

指为师再严,教导再有方,也不一定能教好自己的儿子。比喻官位再高,在自己家里也难施威力。

师傅领进门,修行在个人

修行:佛门用语,这里泛指自我进修学业。指师傅把人领进门里来了,学好与否,全凭自己。也指师傅只起着启发、引导的作用,深入探讨钻研还得靠自己的努力。

师高弟子强

指师傅高明教出来的徒弟也一定是强手。

师徒如父子

指师傅和徒弟的关系,就好比父子关系,非常亲密。

十步之内,必有芳草

芳草:香草,指贤人或才士。比喻人才济济。换句话说,到处都有贤能的人或出色的人才。

十个读书九个呆

古时指读书人多死读书,不懂世事,不明事理。

十磨九难出好人

指经历过许多磨难,才能锻炼出有作为的人才。

十年窗下无人问,一举成名天下知

古时指读书人长期埋头读书,默默无闻,无人知晓,一旦取得功名便扬名天下。

十年树木,百年树人

培育树木需要十年的时间,培养人才却需要百年的时间。指培养人才是漫长而艰巨的任务。

十室之邑,必有忠信

指即使是仅有十户人家的小城中也一定有忠信的人。比喻处处都有品行优秀的人。

石头是刀剑的朋友,障碍是意志的朋友

指石头能磨砺刀剑,使刀剑锋利;困难能锻炼人的意志,使意志坚强。也指逆境往往能磨炼人的意志。

屎棋贪食卒

屎棋:臭棋,棋艺低劣的人。指低劣的棋手为的只是吃掉对方的棋子。比喻目光短浅的人只图小利,不顾大局。

士别三日,即更刮目相待

指读书人三天不见面,就要另眼看待。也指读书人时时在进步,不可等闲视之。

士各有志,不可相强

指读书人各有各自的志愿和抱负,不可以勉强。

士可杀而不可辱

指有气节的人宁可被杀也不愿受侮辱。也指读书人重节操,宁可被杀死,也不可以蒙受耻辱。

世上无难事。只怕有心人

有心人:意志坚决,又肯动脑筋的人。指只要有决心和恒心,不论什么事都可以办成功。

事非经过不知难

指没有亲身经历过这件事情,就不知道事情的难处。

手大遮不过天来

比喻能力有限。

手下一着子，心想三步棋

下棋时要从全局着眼，走一步，就要想到后面的三步。也比喻做事要把眼光放长远，想得周全。

受得苦中苦，方为人上人

指能经受得住常人难以忍受的艰难困苦的磨炼，才能出人头地。

书到用时方恨少

指只有在实际运用时，才会觉得自己读的书不多，知识有限。劝人多读书，多学习知识。

书到用时方恨少，事非经过不知难

知识到了用的时候，才知道学得太少；事情没有亲身体验，不知道困难。指书要勤读，事要实践。

书读百遍，其义自见

见：显现。反复多次地读一本书，自然就会明白书中蕴含的深刻道理。

书囊无底

指书是读不完的，学习就无止境。

书三写，鱼成鲁，虚成虎

三：多次。文字经过多次传抄就会出错，“鱼”可能写成“鲁”，“虚”可能写成“虎”。

书山有路勤为径，学海无涯苦作舟

径：门径，道路。指勤奋是读书的路径，刻苦是学术的航船。也指要掌握丰富的知识，只有勤奋、刻苦学习。

书生不离学房

古时指读书人死守书房读书。

书生不知兵

书生：指只有书本知识的人。兵：行军用兵。指只有书本理论而没有实际领兵经验的人，是不能指挥作战的。

书生治兵，十城九空

治兵：领兵作战。十城九空：十座城就有九座守不住。指书生指挥战斗，非遭惨败不可。

书无百日工

指练习写字在短时间内不可能见效。也指学习书法，必须长期坚持，方能取得明显的成绩。

书真戏假

指书上记载的都是真实的，戏剧编演的都是虚构的。

书中车马多如簇

簇：聚集。比喻诗书中的车马很多。古时认为，读书可以当官，当了官就会有很多车马簇拥着自己。

书中自有千钟粟，书中自有黄金屋，书中有女颜如玉

千钟粟：非常优厚的官俸。黄金屋：非常富丽的房屋。颜如玉：容颜美如玉的女子。旧指男子只要专志攻读诗书，就可从书中获得荣华富贵。

输棋不输品，赢棋不赢人

指输棋不可以输掉人品，赢棋不可以傲气凌人。换句话说，下棋要有棋德。

熟读《唐诗三百首》，不会吟诗也会吟

指熟读《唐诗三百首》一书，自会领悟到写诗的要领。

熟读王叔和，不如临症多

王叔和：名熙，魏晋时名医，著有《脉经》、《伤寒杂病论》等书，这里借指王叔和的医书。指即使把王叔和的医书读熟了，也不如多看病症。也指多读医书比不上多积累临床经验。说明治疗疾病中临床经验的重要性。

蜀中无大将，廖化作先锋

廖化：三国襄阳（今湖北襄樊）人，开始在关羽手下当主簿，关羽失败后投靠吴国，后来又逃回蜀汉。三国后期，蜀汉名将相继死亡，廖化就成为突出人物。比喻没有合适的人才，只好将就使用差一点的人。

树不打杈要歪，人不教育要栽

指人不受教育就会栽跟头犯错误，就如同树不经过修剪就会歪斜一样。

树不修不成材，儿不育不成人

指子女只养不教就成不了人，就像树木只长不修就成不了材一样。

树大分杈，人大分家

指兄弟成年后就要分家立业，就好比树木长大以后树枝要分杈一样。

树苗好栽成材难

指栽棵树苗容易，要使它长大成材很难。也指树要成材，必须要精心修剪护理。也比喻要培养一个人才，必须长期下工夫。

霜打过的柿子才好吃

比喻经过艰苦磨炼才能成为有用之才。

谁走的路长远，谁能到西天佛地

比喻谁有毅力有恒心，谁就能达到目的。也比喻谁能一直有善心做善事，谁就能得到好的结果。

水大漫不过鸭子去

比喻力量超不过一定的限度。也比喻困难再大，也难不倒有本领、有办法的人。

水浅养不住大鱼

指水太浅了，养不了大鱼。比喻小地方盛不下大人物。也比喻环境或条件不好的地方留不下人才。

水深不响，水响不深

比喻有真才实学的人不在人前张扬。

水深见长人

指高个子站在深水里不会被淹没,才能显出个子高。比喻在实践中方能显现出人的才能。也比喻在关键时候才能显现出一个人的才能来。

睡着的人好喊,装睡的人难叫

比喻真正不懂的人好施教,有意不接受的人难施教。

说书的嘴,唱戏的腿

说书靠的是嘴上的功夫,唱戏靠的是腿上的功夫。指每个行业都有自己的独到之处。

死狗扶不上墙

比喻无用的人,想扶植他也扶植不起来。

死棋腹中有仙着

死棋:无步可走的棋。着:下棋时的走步。指看起来是死棋,却有一步高着能使棋局转活。比喻陷入绝境时,常常还会有使局势起死回生的上策妙计。

四两拨千斤

比喻使巧劲能获得更大的效果。换句话说,只要掌握好要领,用很小的力气,借用对方的力量,可以克敌制胜,以轻敌重,以弱胜强。

四书熟,秀才足

意谓只有熟读四书,才能考中秀才。

苏李居前,沈宋比肩

汉苏武、李陵开拓诗风在前,唐沈佺期、宋之问革新诗律在后。指沈、宋对诗歌发展贡献很大。

苏文熟,吃羊肉;苏文生,吃菜羹

苏:苏东坡,唐宋八大家之一。苏文:指苏东坡的文章,一说指"三苏"(苏东坡和他的父亲苏洵、弟弟苏辙)的文章。指熟读苏东坡的文章,就可以考取功名,就会有好吃的食物;如果不读熟苏东坡的文章,就考取不了功名,自然就没有好吃的。比喻苏东坡的文章写得非常好,风行一世,影响非常大。

T

台上一分钟,台下十年功

舞台上的成功表演是台下多年勤学苦练的结果。也泛指一切成就都是经过长期艰苦奋斗得来的。

泰山高还有天,沧海深还有底

比喻强手背后还有更强的人。

泰山压顶不弯腰

形容勇于承担繁重任务的气魄。比喻人不怕困难,迎着困难上,表现出一种坚忍不拔的英雄气概。

塘里无鱼虾也贵

比喻没有好的人或物,差劲儿的也显得非常珍贵。

讨饭怕狗咬，秀才怕岁考

岁考：也叫岁试，是清代的一种科举考核制度。指秀才怕岁考就像讨饭的怕狗咬一样。比喻人各有为难之处。

天不生无禄之人

禄：古代官吏的俸给。指世上的人只要肯努力，都会有吃有穿。也指不管境遇多么糟糕，只要人活在世上，总会有办法走出困境，会有出头之日的。

天地君亲师

指天、地、国君、双亲、师长是人们所必须尊重的。

天地为大，亲师为尊

指天和地是最伟大的，双亲和老师是最尊贵的。

天上下雨地下滑，各自跌倒各自爬

比喻每个人都要依靠自己的力量去解决困难。

天外有天，人外有人

指天地广阔，能人之外还有能人。意在告诉人们，还有比能人本领更高强的人。

天下名山僧占多

天下著名的风景山区，大多建有佛家寺庙。

调皮的骡子能拉套

比喻淘气的孩子灵活机警，只要引导正确，就可以担当重任。

铁不炼不成钢

比喻人不经过实践锻炼就不能成才。

铁打房梁磨绣针

比喻只要努力下工夫，再困难的目的也可以达到。也比喻工夫到家了，事情自然就会办成。

听君一席话，胜读十年书

指听了对方一次谈话，比自己长年读书的收获都大。多用作对人讲话的赞语。比喻同知识渊博的人交谈，能获得很大的教益，胜过死读书。

听蝼蛄叫还不耩芝麻喽

蝼蛄：昆虫，生活在泥土中，专吃农作物的嫩茎，通称"蝲蝲蛄"、"拉拉蛄"。比喻不能让闲言碎语影响了正事，认准了目标，就要排除一切干扰，努力干下去。

偷来拳打不倒师傅

指不是通过正道从师学艺练出来的，往往本领有限。

偷去的拳头打不死本人

指没有经过苦练，轻易得来的技术，算不得上是真本事。

投师不如访友，访友不如交手

习武之人与其拜师学艺，不如拜访友人相互切磋；与友人切磋，不如找对手实练。指相互交流实践，本领提高得快。

兔子多咱也驾不了辕

多咱：任何时候。辕：驾车子用的直木或曲木。指兔子什么时候也驾不了辕。比喻力不胜任,做不了事。换句话说,能力差的人无论怎么也担当不了重任。

W

弯木要过墨,横人要过理

墨:木工用来打直线的墨绳。指蛮横的人要经过说理才能转变,就像弯曲的木头要用墨绳才能取直一样。

万般皆下品,惟有读书高

下品:下等。古时认为各行各业里,惟有读书最为高尚。

万般事仗少年为

指人一生事业的成就,都应当在青少年时期打下基础。

万宝全书缺只角

万宝全书:指无所不知的人。指自以为什么都知道,可还是缺乏一部分知识。常用于讽刺自以为什么都知道的人,也有不懂的事情。

为老不正,带坏子孙

做长辈的行为不端正,后辈也会随着变坏。

惟大英雄能本色

惟:只有。只有杰出的英雄才可以保持住英雄本色。

文不能像秀才,武不能当兵

指在文武两方面都没有本领。比喻什么也没学会。

文场之上无父子

文场:科举考场。指考场上无尊卑之分。也泛指文人会友,彼此之间平等切磋。

文如其人

文章的思想内容或艺术风格,体现作者的思想作风。

文章不妨千次磨

文章可以而且应该经过很多次修改。

文章自古无凭据

意谓评定文章的好坏,自古以来就没有一定的标准。

文字看三遍,疵累便百出

疵累:指语病或文字不简练。多看几遍文字,其中的瑕疵就会暴露出来。

屋里驯不出千里马,炕上养不成万年松

指要驯千里马就得在广阔的原野上,要植万年松就得在高山深涧中。比喻对青年的培养,必须放在火热的斗争中,放在广阔的天地里,让他们锻炼成长。

无君子不养艺人

艺人:旧时江湖上靠卖艺为生的人。指江湖艺人全靠观众慷慨解囊相助。旧时艺人献艺时请观众赏赐的常用语。

无巧不成话

话:话本,宋代兴起的白话小说,是民间艺人说唱的底本。指缺少巧合,就构不成说唱的故事情节。古时说书人的口头语。

无志之人常立志

指只有没有志气的人才经常树立志向。换句话说，没有志气的人经常立志，但缺乏持之以恒的决心，很难达到目的。

五谷不熟，不如荑稗

五谷如果成熟不了，还不如稗子一类杂草。比喻富家子弟若不能成才，还不如贫穷人家子弟。

五岳归来不看山，黄山归来不看岳

游览过衡山、泰山、恒山、华山、嵩山之后，就会觉得其他山都不值得欣赏；而当游览过黄山之后，觉得连这五岳也不值得看了。

嬉笑怒骂，皆成文章

说笑、谩骂，随口说出的话，都是好文章。意谓不拘题材形式，任意发挥，皆成妙文。

习善则善，习恶则恶

指学习好的行为就成好人，学习坏的行为就变为恶人。

习武不在老少，拜师不怕年高

指练武拜师不受年龄限制。

戏包人，人包戏

戏剧团体依赖好演员才可以兴盛，好演员又必须依赖优秀的团体才能发挥出他的才能。

戏不够，神仙凑

指戏剧的故事情节编不下去，往往请出神仙鬼怪来打圆场。

戏场小天地，天地大戏场

戏场中的戏是社会的缩影，社会则是人生进行表演的大舞台。

戏唱得好不好，不在开锣早

开锣：开场锣鼓。戏演得好坏，不在于开场锣鼓打得早。比喻事业上的成功，不在于时间的早晚。

戏台三尺有神灵

指演戏不仅仅是为了娱乐，而是一件很庄重的事情，要起到教化世人的作用。

戏有戏德，台有台规

指演员有艺德，戏台有台规。

下棋看三步

指下棋要有全局观念，每下一子，都要想到后面的几步该怎么走。比喻做事不能只顾眼前，要有长远的眼光。

下棋千着，全看最后一着

指下棋时开盘布子、中间行棋固然重要，但能否取胜却在最后几步。比喻做事情要有始有终，最后的步骤一定要做好。

夏虫不可语冰

指同夏天的虫子不可以谈论有关冰的事。比喻人见识浅陋。意在提醒人们,不可跟见识浅薄的人谈论深奥的问题。

先进山门是师傅

山门:佛寺大门。指先当和尚的是师傅,后当和尚的是徒弟。

闲时不烧香,急来抱佛脚

比喻平时不努力,问题来临时才匆忙对付。

响鼓不用重锤敲

比喻聪慧的机灵人一点就透,一说就明白,不必费多大的力气进行教导。

小错护短,大错不远

指子女有了小错而一直护着,小错就会酿成大错。

小鬼不曾见过大馒头

比喻人见识少,没见过大世面。

小孩要管,小树要砍

指小孩不管教就不会成才,小树不修剪就不会长成参天大树。

小河沟里练不出好艄公,驴背上练不出好骑手

艄公:船上掌舵的,比喻久经锻炼有指挥能力的人。指不经风险,练不出好的本领。

小脚不中看,小孩不中惯

就如同小脚越看越丑一样,小孩则是越宠越任性。

小马乍行嫌路窄,雏鹰初舞恨天低

乍:刚刚开始。雏:幼小的,刚生下不久。指小马刚开始行走时,总是嫌路太窄;雏鹰刚学飞时,总是恨天太低。比喻青少年思想解放,敢想敢干,无所顾忌。也比喻刚见世面的年轻人自命不凡,不知天高地厚。

小曲好唱口难开

在旧社会,卖艺人在开口唱歌时总会感到很难堪。

小人要管,小树要砍

小人:小孩。砍:指修剪。意谓对待小孩要严加管教,就如同小树要经常修剪一样。

小时不防,大了跳墙

跳墙:指偷窃作案。指孩子小时不加防范,不严格管教,孩子长大后就有可能做坏事触犯法律。

小时不禁压,到老没结煞

结煞:结果。指如果小时候没有管教好,到年老时就不会有什么好的结果。

小时偷针,大了偷金

小时敢偷一根针,长大就敢偷金银财宝。指从幼年就应该注重对孩子的教育,以防小的恶习酿成以后的大祸。

小小卒子吃大将

指象棋到了残败阶段，小卒常常能将死对方。

小卒过河赛如车

指象棋对局时，卒子一旦攻过河界，威力就像车一样，尤其在残局时，胜败往往取决于一卒之差。也比喻小人物在一定条件下能做出大事来。

孝顺还生孝顺人，忤逆还生忤逆人

忤逆：不孝。孝顺父母的人所生养的孩子也孝顺，不孝顺父母的人所生养的孩子也不会孝顺。意谓父母的一举一动都会成为孩子效仿的对象。

写字像画狗，越描就越丑

指中国书法讲究意在笔先，一气到底，如有败笔，描画只能越描越坏。也比喻对某事愈辩解愈不能自圆其说。

心坚石也穿

指意志坚定可以穿透石头。比喻只要意志坚定，任何难事都可以办成。

心宽不在屋宽

指只要心情舒畅，就不在乎房子是否宽敞。比喻心胸宽广是最重要的，即精神生活比物质生活更重要。换句话说，人如果心胸旷达，就无需居大厦，就是住在陋室里也会自得其乐。

心欲专，凿石穿

指只要专心致志，石头也能凿穿。比喻只要心志专一，什么事情都能办到。

新瓶装旧酒

意谓用新的形式表现旧的内容。

新书不厌百回看

好的新书百看不厌。比喻漂亮的人看再多次也看不够。

星随明月，草伴灵芝

灵芝：仙草。比喻才能平凡的人追随才能出众的人才能共成其事。

秀才不出门，能知天下事

秀才：明清两代生员的通称，泛指读书人。指读书人知识渊博，无所不知，即便不出门，也能了解天下事。多用于诙谐方面。

秀才不怕书多，种田不怕粪多

指种田靠的是粪，粪越多越好；读书人靠的是书，书越多越好。

秀才靠笔杆，当兵靠枪杆

指文人靠笔杆子展现才华，当兵的靠枪杆子作战。

秀才说话三道弯

指读书人文质彬彬，不会直来直往，总是绕着弯说话。

秀才造反，三年不成

指念书人做事优柔寡断，很难成功。

学成文武艺，货与帝王家

文武艺：文才武艺。指封建时代认为掌握了文才武艺就可以报效帝王。

学到老，不会到老

指人一生要学习的东西非常多，到老也学不完。

学到老，学不了

意谓学无止境。

学好，千日不足；学歹，一日有余

指一个人学好不容易，需要经过长期的努力；学坏则很容易，不需要太长的时间。

学坏容易学好难

意谓人学坏非常容易，学好却很难。

学书者纸费，学医者人费

学习书法费纸，学习医术费人。

学徒三年，三年吃苦

旧时指学徒生活很苦，只干活儿不拿报酬，还要给师傅做家务活。

学问勤乃有，不勤腹空虚

指勤奋学习才可以获得学问，懒惰就会觉得内心空虚，无所作为。

学问学问，勤学好问

指人求学一定要勤学好问，才能有成果。

学艺不亏人

指学有专长总归会有用处的。

学者如牛毛，成者如麟角

牛毛：指数量很多。麟：麒麟，传说中的瑞兽，很少出现。麟角：比喻人才稀有可贵。指学习的人多如牛毛，但成功的人却相当稀少。也指学习的人很多，但能够有所成就的人却非常的少。

压大的力，吓大的胆

指力气是从沉重的压力中练出来的，胆量是从生死的搏斗中练出来的。也指艰难困苦最能锻炼人。

鸦窝里出凤凰，粪堆上产灵芝

意谓普通人家出了杰出的大人物。

严将出强兵，严婆出巧媳

意谓严格要求，才能培养出有用的人才。

严师出高徒

指师傅严格教导，徒弟的技艺才会高强。

严师出高徒，厉将出雄兵

厉将：严厉的将领。意谓要求严格的师傅和严厉的将领才能培养出技艺高超的徒弟和勇敢顽强的士兵。

严是爱，松是害

管教严格是爱的体现，管教松弛是害的表现。

言之无文，行之不远

意谓说的话没有文采，传播的就不远。

眼观六路，耳听八方

六路：指上、下、四方，八方：指东、南、西、北、东南、东北、西南、西北。意谓人聪明机警。

眼经不如手经，手经不如常舞弄

常舞弄指反复做一种动作，达到熟练程度。说明学习技艺，关键在于实践。

眼亮不怕夜黑

视力好不怕夜里黑。指有真才实学就不怕任何艰难险阻。

眼嫩的人怕见血，耳嫩的人怕听雷

指没经历过斗争锻炼的人，遇事胆怯。

演戏的是疯子，看戏的是傻子

演员像疯子似得在戏台上无所顾忌的表演，观众像傻子似得在台下忘我地观看。

雁头先受箭，佳材早挨刀

指箭伤领头雁，刀砍好木材。比喻有才能的人容易遭到打击。

燕雀安知鸿鹄志

燕子和麻雀怎能知道天鹅的志向呢？指平庸之辈不可能知道道德高尚的人的心胸。

羊群里跑出骆驼来

指平庸的群体里产生了优秀的人物。

养不教，父之过；教不严，师之惰

比喻对孩子只养不教育，这是做父亲的过错；教育学生不严格，这是做老师的失职。

养儿不读书，只当喂个猪

生养儿女不教他读书识字，和养口猪没什么区别。指生养儿女就得给予读书和受教育的机会。

养女不教如养猪，养子不教如养驴

养育子女而不进行教育，子女就会像猪、驴一样愚蠢、呆傻。

养身百计，不如随身一艺

指维持生活的办法再多，也不如有一技之长受用终身。

养子不教父之过，训道不严师之惰

指抚养孩子却没有教育好孩子，这是父亲的过失；教授学业却不严厉要求学生，这是教师的错误。说明教育好孩子是父亲的责任，严格要求学生是教师的职责。

养子不易，教子更难

生养子女不容易，教育子女成人更难。

要得惊人艺，须下苦工夫

意谓只有下苦功钻研，才能把技艺练到惊人的程度。

要练武，莫怕苦，怕苦难成虎

指要想练武功，就不要怕受累，怕吃苦终究不会成功。

要人知重勤学，怕人知事莫做

意谓想被人认可就得勤奋学习，害怕让人知道就别做坏事。

要想武功好，从小练到老

要想练成一身好功夫，就要始终持之以恒地苦练。

要想学得会，就得跟师傅睡

指想要把师傅的技艺全部学好，就得和师傅生活在一起，全心领教。

要想正人，得先正己

意谓要想指正别人，自己先得品行端正。

要学流水自己走，莫学朽物水上漂

朽物指腐烂的东西。要学习流水自动行进，不要学习腐烂的东西随波漂流。

要学真本领，须下苦工夫

指要想学到真正的本事，就必须刻苦勤练。

要知山下路，须问过来人

要了解山下道路必须询问走过的人。意谓要明白一件事，必须请教有经验的人。

要知天下事，须读古人书

意谓只有博览群书，才能明白天下事理。

要知心上事，但听口中言

要想知道一个人心思，只要专心地听人讲的话就行了。指言为心声。

夜不号，捕鼠猫

号指叫。善捕捉老鼠的猫，夜里是不叫的。比喻不喜欢吹嘘自己的人，大多真有本事。

一辈子不出马，总是个小驹

指不出阵打仗的马，总算不得战马。比喻不在斗争中磨炼的年轻人，很难有出息。

一笔画不成两道眉

指两道眉毛不能一笔画成。比喻一起发生的两件事不能同时叙述。

一步棋错，满盘皆输

指走一步错棋，容易导致全盘失败。比喻关键时刻失误，会造成永远无法挽回的损失。

一锄挖个金娃娃

比喻盼望极容易地获得极大的利益。

一法通，百法通

指某一法术的精通，别的法术便也会精通。

一个师傅一个传授

指每个师父都有自己不同的传授方式。

一号藤子结一号瓜

意谓啥样的家庭就培养出啥样的子女。

一口气吃成个胖子

比喻急于求成的心理太急切。

一力降十会

降:降伏。会:指懂武艺的人。指一个力气十足的人,能同时打败十个会武艺的人。比喻武林角逐中,力气大的占优势。

一路荣华到白头

意谓仕途上一帆风顺,终生到老。

一面墙能挡八面风

比喻一个人行能抵挡许多的人。

一命二运三风水,四积阴功五读书

风水:旧指家宅、墓地的地理位置的优劣。旧时认为,人的一世,能否飞黄腾达,决定于命运、风水,也靠先辈积德和自身勤奋读书。

一年二年,与佛齐肩;三年四年,佛在一边

指信佛的人一二年内能和佛亲近,三四年就把佛放在一旁了。比喻人的志气和情感,随着时间的推移难以保持。

一年之计在于春,一生之计在于勤

指一年之中的关键时候是在春天;一生之中的关键是勤奋。也指一年的计划在春天时就要安排好;一生的计划要实现,愿望最关键的是勤奋。

一泡屎一泡尿

意谓养育孩子艰辛不容易。

一人立志,万夫莫夺

指一个人立下志气,多少人也不能改变。形容决心坚定。

一人做事一人当

当:承担。指自己做过的事后果由自己来负责,不牵连别人。

一日不书,百事荒芜

指一日不看书,许多事情就会生疏或湮没。比喻一天不读书写字,学业就要荒废。告诉人们,要持之以恒地读书学习。

一日读书一日功,十日不读一场空

指读书贵在持之以恒,日积月累,才能学业有成,如果不能坚持,将前功尽弃。

一日功好做,百日功难磨

指短时间做事容易,长期坚持很难。

一日师徒百日恩

指师父对徒弟的恩重如山。

一日为师,终身为父

指徒弟对于师傅应如对待父亲一样,尊敬和侍奉师傅。也指一旦认作老师,就应一生像对待父亲一样尊敬他。

一身之戏在脸，一脸之戏在眼

指文艺表演主要体现在面部，面部表情又主要用眼神来体现。

一身做不得两件事，一时丢不得两条心

指做事情要专心一致，注意力不能分散。

一生不出门，终究是小人

指一生没有见过世面，终究是眼界窄小。换句话说，一个人一辈子不出去闯荡闯荡，终究不会有出息。

一事不知，君子之耻

意谓即使博学君子，有一件事偶尔不懂，也感到脸上无光。

一手穿针，一手捻线

喻谓一人承担了所有的事情。

一岁学步，两岁会走，三岁离手

指婴儿长到三岁，才能离开娘的怀抱，自己学着走咯。

一心不能二用

指人不能在同一时间做两件事情。喻指想事或做事要专一，不能分散精力。

一着不到处，满盘都是空

一着：一步棋。指下棋时走错关键的一步，就会导致全盘皆输。比喻做事关键的一环处理坏了，就会导致全局失败。

一字值千金

一个字的价值能值千金。意谓文辞相当精确。

遗子黄金满籯，不如教子一经

意谓留给儿子满筐的黄金，不如让他们熟读经书。

蚁可测水，马能识途

比喻富有经验的普通人能解决艰巨复杂的问题。

艺不压身

指技艺可用来求生存，对自身是有利的。比喻学好一些本领或技艺，对自己总会有益处。

艺高人胆大

指技艺或本领高强的人做事情有胆量。

英雄不怕出身低

指成为英雄人物，与出身贵贱是没有关系的。

英雄出少年

指自古以来，英雄好汉大都是从青少年开始显露出来的。也指杰出的英雄人物往往从年轻的人中间发现。

英雄生于四野，好汉长在八方

四野：广阔的原野，泛指四方。八方：指东、西、南、北、东南、东北、西南、西北，泛指周围各地。指无论何时何地都有英雄好汉。

英雄无用武之地

指有才能的人得不到施展能力的舞台。

鹰立如睡，虎行似病

指鹰站立时眼睛闭着，好似在睡觉；老虎走路摇摇晃晃，好似生了病似的。比喻真有本领的人不会轻易表露自己。

有其母必有其女

意谓有啥样的母亲，必定有啥样的女儿。

有其师必有其徒

指什么样的师傅，就会带出什么样的徒弟。

有钱无钱，买画过年

我国民间风俗。我国过年最重家庭团聚。每到春节前夕，身在他乡的人，不管经济是否宽裕，都要设法回家同家人过一个团圆年。而北方民俗，过大年家家贴年画。不管多穷，总是买张年画过年。

有享不起的福，可没有吃不起的苦

指经过生活磨难的人，任何艰难困苦也承受得住。

有意栽花花不活，无心插柳柳成荫

指用心栽花，却不成活；随便插根柳条，却长得很茂盛。喻指事与愿违。比喻用心去做的事却做不成；但无心去做的事倒有了效果。也比喻希望太大，容易落空；顺其自然，反倒成功。

有志不在年高，无志空活百岁

指人有志气不在于岁数大小。换句话说，只要有志气，不论他年龄大小都能有所成就；没有志气，活到百岁也是一事无成。

有志者事竟成

指只要有志气的人，做事必然成功。

有状元徒弟，没有状元师傅

状元：科举时代的一种称号。元代以后称殿试一甲（第一等）第一名，比喻行业中技艺最高的人。指学识、本领的提高乃至有所成就主要靠自身的勤奋、钻研，师傅的作用是有局限的。

幼而学，壮而行

指少年时刻苦学习，壮年时就能实现自己的目标。也指少年时刻苦学习，长大后就可以施展才能。

与其喊破嗓子，不如做出样子

指领导或家长以实际行动做出表率的效果要比单纯的说教强好多倍。

玉不琢，不成器

指玉石要经过打磨才能成为器物。比喻人要想能成才就得需接受教育、经受磨炼。

欲高门第须为善，要好儿孙在读书

高：抬高，提高。门第：旧时指家庭的社会地位。要想提高家庭的社会地位必须多做好事，要想有好的后代关键是让他们好好读书。

远来的和尚好念经

比喻外地来的人受到重视，更容易取得本地人的重用。

越经过风雨的草越兴旺，越经过苦难的人越坚强

指人的坚强品格是从艰苦的环境中磨炼出来的。

云从龙，风从虎

龙生云、虎生风。比喻英雄人物总是应运而生。

云里千条路，云外路千条

指路有千条，就看你怎么走。比喻解决问题的办法有许多种。

运动不出汗，成绩不见面

指体育训练时不能吃苦就不会取得好成绩。

Z

宰相肚里好撑船

指有作为有抱负的人，心胸宽广气量大。换句话说，心胸开阔的人能包容各种人和事，而心胸狭隘的人一点小事也不能容忍。

早起三朝当一工

朝：早晨。指连续早起三天，三个早晨的工作时间就能赶得上一整天的工作效率。

赠人千金，莫若教人一技

莫若：不如。赠送给人金银不如教会别人学会一种技术更有好处。

站得高，看的远

比喻目光能高瞻远瞩，不局限于眼前的事物。

丈夫非无泪，不洒别离间

大丈夫不是没泪，只是不要在离别时流下。意谓男子汉应有志气，不要受儿女情长的困扰。

照着葫芦会画出瓢来

比喻照样子，把事做成。

真金不能终陷

意谓有真才实学的人一定会有显现头角的时候。

真金不怕火炼

意谓正确的事物能经得住历史考验。

真人不露相，露相不真人

真人：道教所说修行得道的人。指有能力的人不轻易表现或显露自己的才干。

争气不争财

比喻有些人为了争一口气，即使花费钱财也在所不惜。也比喻应该争气求进步，不要去争利益。

整瓶不摇半瓶摇

一瓶的液体摇不起来,半瓶子的却能摇来晃去。比喻有能力的人不显示自己,而才学浅陋的人却爱在人前表现。

郑板桥的竹子能碰死家雀

郑板桥:字克柔,号板桥,清代乾隆年间进士,工画兰竹,扬州八怪之一。喻意郑板桥画的竹子,笔力遒劲。

郑玄家牛,触墙成八字

郑玄:东汉末年著名学者。指推崇郑玄学识渊博,影响面大,连家中的牛都识字。

知恩不报非君子

意谓不知道感恩的人不是品格高尚的人。

知恩不报非君子,万古千秋作骂名

指知道别人对自己有恩不去报答,算不上是品德高尚的人,就会永远被世人唾骂。

知过必改,便是圣贤

意谓品行高尚的人知道自己错了就改正。

知者不言,言者不知

意谓有见识的人言不多,口若悬河的往往是浅陋寡闻的人。

只愁不养,不愁不长

指发愁的是不能生下孩子来,只要生下来,就不愁养大成人。指只要精心培育,孩子一定会长大。

只怕不做,不怕不会

意谓只要肯做事,就没有学不会的道理。

只有不快的斧,没有劈不开的柴

比喻只有没有能力的人,没有解决不了的问题。换句话说,只要勤于思考,努力去做,任何的困难都能克服。

只有穷秀才,没有穷举人

秀才,只取得了进学的资格;举人,已经取得了做官的资格。指只有读书的穷书生,没有当官的穷举人。

只有状元学生,没有状元师父

状元:科举殿试头名为状元。一说状元才学最高,在状元面前,唯有当学生的份,没有当师父的份。另一说,状元唯有学生出身的,没有师傅出身的。

只知我外面行状,哪知我肚内文章

行状:指人品或事迹。意谓只了解外表,不知道内里的学问。

指儿不养老,指地不打粮

指:指望。指只求别人帮助是达不到目的的。

指头当不了拳,兔子驾不了辕

辕:车前驾牲畜用的两根直木。比喻小材不能顶替大梁。

致富先治愚,治愚办教育

指要想富裕必须先改变愚昧,改变愚昧的方法是办好教育。

智慧的头脑胜似闪光的金子

意谓有聪明的头脑,比黄金更可贵。

智者千虑,必有一失

聪明有才智的人,考虑问题久了,也难免会有出现错误的时候。

智者千虑,必有一失;愚者千虑,必有一得

意谓聪明人即使对问题反复斟酌,也难免出一些错误;愚笨的人经过多次思考而出的主意,总会有可用之处。

种花一年,看花十日

比喻短暂的享受是长期勤苦劳动的结果。

种火又长,拄门又短

指一根木料,用来引火嫌它太长,用来撑门又嫌它太短。比喻高不成,低不就的人,没有用处。

种了高粱不长谷子

指种下啥样的种子,就生长啥样的苗。比喻啥样的父母就会教养出啥样的孩子。

种田不离田头,种园不离园头

比喻干一行就要专心致志的去做。

种田弗离田头,读书不离案头

弗:不。案:书桌。意谓做事必须坚持不懈,才有成效。

众人是圣人

意谓人多心眼多。

庄稼靠种树靠苗

指庄稼要好,要靠良好的种子;树要好,要靠良好的树苗。也比喻家庭或事业都指望着下一代人的茁壮成长。

子大父难为,徒大师难当

指儿子长大成人,父亲不好管教;徒弟学业有成,师傅要受冷落。

子弟宁可不读书,不可一日近匪人

指年青一代宁可不去念书,也不能让他们和坏人混在一起。

字是黑狗,越描越丑

指写下的毛笔字不能回笔描写,否则会越描越不好看。

字是门牌书是屋

指书好比屋子,字好比门牌,好屋子要用好门牌来装饰。也指读好书还必须写好字。

字是一匹马,孔夫子学了半个胯

孔夫子:中国古代大圣人。指连孔圣人也有许多字认不得。也指汉字多,不可能都识得。

字要习，马要骑

指字要经常练习写，马要经常骑。意谓勤学苦练才能学业有成。

自古书生多薄命

意谓自古以来读书人大多命运不济。

自古英雄多磨难

指英雄人物的成长，往往要经历许多磨炼与挫折。

走棋不悔大丈夫

指下棋不悔步，这才是棋场上的下棋高手。也指刚正不阿的人做事不反悔。

尊师学手艺，爱徒授技能

指徒弟学习技术的时候要尊敬师傅，师傅传授技术的时候要爱护徒弟。

坐经拜道，各有一好

坐经拜道指学佛和学道。意谓每人皆有各自的爱好。

做一日和尚撞一日钟

本指撞钟是和尚的职责。现多比喻不思进取，混天度日。

卷九　辨证　对立　统一

A

哀乐失时,殃咎必至

失时:失去节制。殃咎:灾祸。指过度悲伤或极乐,一定招来祸患。

安危相易,祸福相生

指安危、祸福是互为因果,可以互相转化的。

B

八个人也抬不走一个“理”字

理:道理,事理。指做事只要合乎事理,多大力量也不可改变。

白头花钿满面,不若徐妃半妆

白头:指老年人。花钿:古代妇女的首饰,也称花钗。徐妃:南朝梁元帝萧绎的妃子,貌美,后泛指风韵犹存的中年妇女,也称“徐娘”。半妆:半面妆。指老年人即使满头珠翠,也不如年轻的女子随意打扮一下。

百人百姓,各人各性

指每个人的性情脾气都不一样。

百样米养百样人

指人的品格、性情都不相同。比喻人虽然都是吃五谷杂粮,但每人都不一样,形形色色啥样的都有。

败翎鹦鹉不如鸡,虎落平阳被犬欺

翎:鸟的翅膀或尾巴上长的长而硬的羽毛。指没毛的鹦鹉连鸡都不如,老虎若离开山林来到平川,也要受到狗的欺负。比喻有能力的人一旦遇难,会被小人欺侮。

败为寇,成为王

旧时夺取政权的斗争中,失败者往往被看做贼寇,成功者便成了君王。

半斤逢八两

八两:旧制半斤等于八两。比喻彼此都一样。

彼一时,此一时

指以前的情况与现在不一样,有改变是自然的事。比喻时机不一样,就不能相提并论、相互对比。

嬖女不敝席,宠臣不避轩

嬖:受宠爱。敝:破。避:同“敝”。轩:车。指受宠爱的女子,等不到席子用破就失宠了;受宠信的臣子等不到一辆车子用破就不再被信任。旧指恩宠不能长远。

扁担是条龙,一生吃弗穷

弗:不。指扁担是个好东西,一生都可以靠它吃饭。比喻只要肯劳动,能吃苦,维持生计是没问题的。

冰冻三尺,非一日之寒

指冰冻三尺之厚,不是一天寒冷的结果。比喻事情到了非常严重的程度,不是短期造成的,而是有一个长期积累的过程。

兵对兵,将对将

比喻各方面条件、力量相等的双方对阵或协作。

兵久则变生,事苦则虑易

指仗打得太久了,就会发生意外的结局;事情进展不顺利,就会使人产生别的意念。

兵无常势,水无常形

指用兵打仗没有固定的阵营,就像水没有一成不变的形态。

不比不知道,一比吓一跳

指只有通过比较,才能鉴别双方差距的多少。比喻人与人之间如果不进行比较,就很难发现存在的差距,只有通过比较,才能找出差距,才能相互学习,共同进步。

不登高山,不见平地

见:同"现",显出。指不登上高山就显不出平地。比喻不经过对比就不知有多大差别。

不见风浪,不显本事

指在风浪中行船,才能表现出驶船的本领。

不看家中宝,单看门前草

指不用看家中是否有宝贝,只看门前的稻草堆多少,就可以知道这户人的贫富。

不怕不识货,只怕货比货

指只有经过比较,才能鉴别出好坏,显出差距。

不怕单,就怕连

指联合起来才会有更大力量。

不怕低,单怕比

指通过比较才能看出差距。

不怕敌人强,只怕自己阵线发生裂痕

指内部出现分裂和不团结最为令人担心。

不怕年灾,就怕连灾

指连年的灾害是最惧怕的。

不怕穷,就怕懒

指只要勤快就能改变贫穷的生活。

不怕一万,就怕万一

一万:指绝大多数的情况。万一:指极其偶然的意外情况。指必须预防意外情况的发生。比喻不要被绝大多数的正常、顺利、成功所蒙蔽,要警惕极其偶然的意外情况发生,提醒人们,千万不可思想松懈。

不怕硬的就怕横的,不怕横的就怕不要命的

横:粗暴,凶狠。指孤注一掷,连死活也不顾的人最不好惹。

不识风云事,休在山里行

指不懂得天气的变化,就不要在深山里行走。比喻不明白客观形势或人的心理变化,就不能在复杂的社会中行事。

不是骨血不连心

骨血:多指子女等后代。指不是亲生的骨肉就感觉不到心疼。

不贤妻,不孝子,没法可治

旧时认为,要把不贤惠的妻子、不孝顺的儿女管教好,是没有很好的办法。

不信好人言,必有恓惶事

恓惶:形容惊慌不安。指不听好心人劝告,必然会发生使人惊慌不安的事情。

不要气,只要记

指不管发生任何事情,一定要记取经验教训而不要只是一味生闷气。

不知其子视其友,不知其君视其左右

指不了解他的儿子,看看他儿子结交的朋友就知道了;不了解他的君主,看看他君主身边的人就清楚了。

C

彩云易散琉璃脆

比喻美好的事物往往容易消逝或受到损害。

草要连根拔

比喻清除祸患要彻底干净。

豺狼改不了本性,狐狸除不尽臊气

比喻坏人终究改变不了作恶的本性。

长他人志气,灭自己威风

意谓抬高他人,从而贬低自己。

唱戏还要有个过场

过场:指戏剧中用来贯串前后情节的简短表演。比喻做事不能操之过急,要有条不紊。

朝山的不是全为了敬神

比喻同做一件事的人,目的不一定都相同。

车到没恶路

比喻事情发展到一定程度,总有解决的办法。

扯了鸡毛鸡骨痛

比喻事情虽然不大,沾着自己,就得跟着受牵连。

尘世上没有不吃腥的猫

比喻嗜欲成性的人,什么时候都改变不了贪婪的本性。

城门失火，殃及池鱼

殃：灾祸。因城门失火，必然用护城河内的水去救火，使护城河水减少，就会导致鱼干死。比喻灾祸到来时，常常会牵连无辜。

乘记忆力清醒时，要把衣襟裹严实

比喻事前就要仔细想好、安排周密，防止发生意外。

仇人转兄弟，冤家转夫妻

迷信说仇人往往转世为弟兄，冤家常常转世为夫妻。指矛盾是在不断地变化的。

丑不丑，一合手；亲不亲，当乡人

一合手：左右手相合。指不论丑不丑，是一家人就好；不论亲不亲，是老乡就亲。也指同乡人情好。

出水才看两腿泥

比喻事情要发展到最后才能看明白。

除夜犬不吠，新年无疫疠；除夜恶犬嗥，新年多火盗

除夜：除夕晚上。旧时认为，除夕晚上狗不叫，新年里就没有瘟疫发生；除夕晚上，恶犬狂吠不止，新年多发生灾难事故。

聪明却贫穷，昏迷做三公

三公：古代朝廷三种最高官衔的合称，周以太师、太傅、太保为三公，明清沿用周制。旧时指有能力的人反倒贫困潦倒，愚蠢而糊涂的人却能做了大官。

寸铁入木，九牛难拔

拔：拉。指一寸长的钉子钉进去，九头牛的力量都拉不出来。比喻事态发展到一定的局势，便不可挽回。

D

打柴的不跟遛马的走

比喻志向不同，不为同谋。

打虎要力，捉猴要智

比喻处理不同性质的问题要采取不同的方法。

打了骡子惊了马

比喻打击这个，使另一个也受到了惊吓。也比喻有时惩罚了这个人，会惊吓了那个人。

打喷嚏是鼻子痒，做梦是心里想

比喻无论什么事情的发生都是有因果的。

打墙板儿翻上下

指打土墙时，用两面夹板，填土夯实，上下板接连翻覆，土墙逐次增高。常用以比喻人贫富兴衰变化无规律。

打墙也是动土

喻谓为了小事而费了大力气，不如干脆趁机做起大事来。

打人莫打膝，道人莫道实

指和人发生纠纷时，切莫揭露对方的隐私，就像打人不要打要害处。

打伞戴帽,各取所好

指人性格各异,爱好不同。也指根据需求,各取所用。

打死人有罪,哄死人没罪

指打死人要抵命,而哄骗人却没有罪名。意谓要警惕口似心非的人。

打嚏耳朵热,一定有人说

旧俗认为打喷嚏或耳朵发热一定是有人在挂念和议论自己。

打铁看火候,做事看时机

火候指火色程度,包括火力大小,时间长短。喻谓做事要抓住时机。

打铁先得本身硬

指打铁要花力气,所以打铁的人身体一定要强壮。意谓处理棘手的问题时自己的本领或作风切合实际。

打铁要趁热,治病要趁早

指打铁要掌握火候,有病要及早治疗。意谓办任何事情要抓住有利时机。

大处着眼,小处着手

指从大的方面观察和考虑问题,要从细小的事情上做起。意谓办事情既要看得远,胸怀全局,又要脚踏实地,从每件小事做起。

大从小来,有从无来

指事物的发展规律总是从小到大,从无到有。

大官送上门,小官开后门,老百姓求别人

旧指大小官员办事门路多,老百姓办事很艰难。

大海哭孩脸,一天变三变

指海面变化规律,风浪会随时袭来。

大伙一条心,黄土变成金

指大家团结起来,就能战胜任何困难,创造无数奇迹。

大路不转小路转

比喻事物总会变化发展的。

大路朝天,各走一边

朝天:指通向天边、远方。意谓各人走各自的路,互不相干。

大人不同小人斗

指地位高的人不和地位低下的人争斗。也指修养高的人不和粗野的人争论高低。

大事瞒不了庄乡,小事昧不住邻居

指乡亲邻里最清楚各自的情况。

大寿到,难照料

大寿:生命的大限。指寿命已到,无能为力。也指事情发展到绝境地步,很难挽回局势。

大限难逃

大限:劫难,寿数,死期。旧指命里注定的,难以改变。

大小一个礼，长短一根棍

指送礼不计轻重多少，只在于表达情义之分。

大小做个官儿，强似点水烟儿

指做官不管大小，都比做普通老百姓好得多。

大有大的难处，小有小的方便

指大的并不都好，大有大的难处；小的并不都差，小有小的好处。

大有大难，小有小难

意谓无论大小，都有各自的难处。

大鱼吃小鱼，小鱼吃蚂蚁，蚂蚁吃泥巴

比喻旧时人与人的关系是以大欺小，弱肉强食。

带着铃铛去做贼

指带着铃铛去偷别人的东西。意谓做事情不加顾虑，导致暴露自己的弊端。

单刀好使，左手难藏

指练武的人耍刀时，总是用左手护着右手的手腕，因而左手最容易受到伤害。

单者易折，众则难摧

意谓个人的力量容易折断，众人的力量难以挫败。

胆小的人心细

指胆量小的人对事情的前因后果考虑比较周到细致。

当差的会搪塞

指旧时下层官吏会哄骗上级。

当断不断，反受其乱

意谓应该断然采取措施，如果犹豫不定，将会失去良机，当面锣，对面鼓，面对面地打锣，面对面地敲鼓。意谓面对面地谈论事情。

当面是人，背后是鬼

指当着别人的面是人，不当着别人的面就变成了鬼。意谓阴阳两面人耍两面派。

当面笑呵呵，背后毒蛇窝

意谓人面慈而心狠，阴险毒辣之人。

当行厌当行

指同行厌恶同行。意谓同行是冤家。

到什么山上唱什么歌

意谓要根据实际情况决定用何种办法与对策。

灯不点不亮，理不辩不明

指油灯不点是不会发光的，话不说透，别人是不会了解的。也指道理必须经过大家解说辩论才能为大家所理解。换句话说，有不同的意见就提出来，不要闷在肚子里，讲透了就能明白，就能互相沟通。

灯一拨就亮，理一讲就明

旧时用油灯照明，拨长灯芯灯才明亮。指道理要讲清楚，才会使人明白。

地边儿好凑,锅边儿难凑

指在地边捡丢失的粮食容易,向人家讨现成饭难。

地无三尺土,人无十日恩

意谓不可能长期地接受别人的恩赐。

地有高低,人有贵贱

指宿命论认为,人生来就有贵贱之分,这是命中注定的,因此社会地位不同就认为是命运的安排,是人不能抗拒的。比喻社会上人的地位有贵贱之分,各不一样,各不相同。

钉头碰着铁头

铁打的钉子碰到铁榔头。意谓双方都很坚硬。

定法不是法

比喻老的办法是可以进行修改的。

定数难逃

旧时认为命里注定的灾难是难以躲避的。

洞房三天没大小

指民俗新婚三天之内,家族中不论长幼、辈分高低,都可以闹洞房。

豆腐青菜,各有所爱

指人们的兴趣不同,各有所好。

豆收长秸麦收齐,谷苗断垄不用提

指豆、麦、谷子的产量,决定在禾苗上:豆要秸秆长,麦要高低整齐,谷要不缺苗断垄。

蠹众而木折,隙大而墙坏

指蠹虫多了,就会蛀断树木;缝隙大了,墙壁就会坍塌。比喻小问题不及时处理,定会酿成大祸。

躲得了初一,躲不了十五

指能躲过初一这天,也躲不过十五那天。意谓问题总要发生,无论怎样躲避不了。

躲过了风暴又遭了雨

意谓刚躲过一场灾难,又碰上另一场灾难。

躲脱不是祸,是祸躲不脱

指只能化解灾祸,不能躲避。

躲一棒槌,挨一榔头

比喻刚躲过了一场灾难,却遭遇另一场灾难。

E

恶疮都打内里破

比喻矛盾的发展变化,内因是决定作用的。

饿慌兔儿都要咬人

比喻被逼无奈时,再老实的人、弱者也会起来反抗。

二十年河东,二十年河西

旧指世事会发生互相转变。

F

放虎归山擒虎难

比喻把恶人放了容易,再要捉拿回来就困难了。

放着一星火,能烧万顷山

指投放一点火星,就能烧毁整个山林。比喻有生命力的事物会迅猛发展壮大。也比喻不注意小的疏漏,就会酿成大的灾难。

飞鸟择林而栖,良马择主而行

指飞鸟在适宜的林木栖息;骏马也会为好主人纵横驰骋。

风潮过了世界在

风潮:此指群众性的运动。指风潮过了,一切又会回到原来面目。比喻人要有远见卓识,在政治运动面前要有主见,站得稳、不动摇。

风流茶说合,酒是色媒人

风流:意为男女行为不合乎规范。色:色情。指喝茶饮酒易诱发越轨行为。

风水轮流转

风水:本指住宅、坟地的方位、地势走向等好坏,这里比喻人的气运。指人或集团的运气会不断变化。

风云多变,人心难测

指人心就像风云一样诡迷不定,难以揣摸。

凤凰鸦鹊不同群

指凤凰和鸦鹊不会同居在一起。比喻好人和坏人不会厮混在一起。

否极泰来

否、泰:《易》六十四卦中的卦名,否是坏卦,泰是好卦。指否和泰对立统一,可以相互转换。比喻事情坏到极点,就可以变成好事。

伏虎容易捉虎难

伏:驯服。指驯服老虎容易,捉住老虎困难。比喻若惩治恶人容易,但缉拿恶人难。

扶起不扶倒

指扶助能兴旺的,不扶助衰退的。也指要扶持有发展潜力的人或事物。

福生有基,祸生有胎

指祸福发生都不是偶然的,而是有它的根源所在。

福无双至日,祸有并来时

指幸运的事不可能一起到来,不好的事却往往接连发生。旧指人总是倒霉的时候多。

父子不同舟

指父亲和儿子不坐一条船。旧时认为乘船如遇险情,父子同亡,会断绝子孙后代。

富贵在天,生死由命

旧时认为人的富贵、生死都是老天注定的,人力是无法改变的。

覆巢之下,复有完卵

指倾倒的鸟巢下面,没有完好的鸟蛋。比喻整体覆灭,局部也难以维持。

G

改变一个人的性格,比搬掉一座山还难

指人的秉性难以改变。

干吃大鱼不费网

指不用自己撒网捕捞就能吃到大鱼。比喻自己没有出力,却占了很大的便宜。

赶鸭子上架

鸡能赶上架而鸭子上不了架。比喻强迫别人去做力所不能及的事。

敢揽瓷器活,定有金刚钻

指敢承接修补瓷器活的人,一定有用金刚石做的钻子。比喻只有有了某方面的能力,才敢包揽别人做不了的事情。

钢铁要在烈火中炼,英雄要在困难里摔打

指英雄人物要在艰苦困难环境中接受考验,就像钢铁要在熔炉里经受锤炼一样。

高者不说,说者不高

指本领高强的人不说大话,说大话的人本领不高。

疙瘩宜解不宜结

比喻对存在的矛盾与分歧应及时化解,不应再进一步使其恶化。

胳膊弯没有向外拐的

比喻自己人总是向着自己人。

胳膊折了往袖子里藏

比喻自家人出了事总得要护短。

胳膊肘往外扭

胳膊往外弯的话肯定出了问题。比喻偏袒护外人,不肯为自己人着想。

各人自有各人福,牛吃稻草鸭吃谷

旧指各人的命运不同,福运也不尽相同。

各施各法,各庙各菩萨

比喻对待不同的情况,应要采用不同的方法。

各有各的牢笼计,各有各的跳墙法

比喻各人有各自的招数与策略。

各走各的路,各投各的店

比喻各干各的事情,互不往来。

跟狗走吃屎,跟老虎走吃肉

比喻跟随不同的人会得到不同的结果。

跟着啥人学啥人，跟着巫婆会跳神

指跟啥人接近就会受到啥样的影响。多指跟坏人接近，就会受坏人的影响。

耕牛为主遭鞭杖

指牛为主人耕地还要遭主人的鞭子抽打。比喻为人效力，反招致祸殃。

弓硬弦长断，人强祸必随

指人个性太强容易招惹祸事，就像弓太硬容易折断。旧时劝诫人不要过于强硬，能忍则忍。

公不离婆，秤不离砣

砣：秤砣。比喻夫妻关系密切，就像秤和秤砣一样不分离。

狗不上前用食喂，马不上套驾鞭子打

比喻针对不同的对象或情况采取不同的方法对待。

狗急跳墙，人急悬梁

悬梁：上吊自杀。指人被逼无奈时，就会不顾一切后果。

狗瘦主人羞

指豢养的狗瘦弱，主人也觉得不体面。旧时比喻下属如果贫困潦倒，就是上司的一种耻辱。

狗咬人，有药医；人咬人，没药治

狗咬了人，有药医治；人诬陷人，没有医治的办法。比喻受人诬陷所受的伤害很难弥补。

古古今今多更改，贫贫富富有循环

指人的贫富不会始终不变，总是处在往复循环的变化中。

谷怕碾不出米，人怕来个比

指一经比较，就能看出人与人的区别。

鼓不敲不响，钟不撞不鸣

比喻心里有话不讲出来，别人就不会知道。

拐米倒做了仓官

指有坑骗行为的人反倒做了仓库的负责人。比喻颠倒黑白。

观其眼，知其胆

指从人的眼神中可以知道他的胆量。

官场如戏场

指旧时官场上的事情变化多端，荣辱不定，如同唱戏一般。

官话一出，私口难开

指上级有了指示，个人再有意见也要保留。

官事随时变

指在官场上办事情，要跟社会的发展和变化相适应。

官有尊卑，役无大小

役：差役。指旧时官职高低之分，衙役不分等级差别。

光棍一点就透,犟眼子棒打不回

犟眼子:固执、倔强的人。指聪明的人一说就明白,固执的人很难改变自己的主意。

闺女十八变

指女孩从小到大性情变化很大,会越变越好。

过河探深浅,走路看高低

指渡河时先要了解河的深浅,走路时要知道路的高低。比喻做事要小心谨慎为好。

过里门则思敬,过墓门则思哀

比喻经过有才德的乡里人门口就应该肃然起敬,路过有才德的人的墓前就应该静默致哀。

过去未来,不如现在

比喻正确要面对现实。

过头饭儿难吃,过头话儿难讲

指说话像吃饭一样有节制,要把握好分寸。

H

海上无风不翻船,江中无风不起浪

指海上翻船、江中起浪,都因为有风。比喻事情发生、事态变化都有因果。

海水可量,人不可量

指海水的深浅还可以测量,但人的真实情况却难以从外表看出来。

海子里没有宝贝,海子水不会闪光

海子:湖。比喻没有原因,事情不会转变。

蒿草再高也成不了树

指事物发展由它的本质属性所决定,差的永远成不了好的。比喻人的素质低,难以成就事业。

好把式打不过癞戏子

把式:指会武术的人。戏子:旧指戏剧演员。指略通武术的没有一般唱戏的功底深。也指戏剧演员多有比较过硬的基本功,不可小瞧。

好刀要在石上磨,好钢要在火中炼

比喻人只有在实践中锻炼才能成长,如同好刀要磨,好钢要炼一样。

好姑娘更经不起耍弄

指年轻姑娘涉世不深,受骗后心理容易发生变态。

好汉不赶乏兔儿

指英雄好汉不与精力疲乏的人比高低。

好花不常开,好景不长在

指盛开的花总会凋谢,美好的景物难保持长久。比喻好事总是不久远。

好物不贱，贱物不好

比喻质量好的东西价格不会便宜，价格便宜的东西质量不好。

好鞋不踏臭狗屎

比喻正直的人不会与自己厌恶的人纠缠在一起。

和尚在，钵盂在

比喻只要人在，和其他有关的事情也就好办了。

河水不洗船

比喻彼此没有任何联系的事。也比喻越是关系亲近，越要注意避免是非。

河有九曲八弯，人有三回六转

指人的想法就像河流有好多道弯一样，会有许多起伏、变化。比喻人生道路和河流一样也是弯弯曲曲的。也比喻人的思想、行为或命运有变化无常是很自然的事。

荷包口收得住，人口收不住

荷包指随身携带、装零钱和零星东西的小包。比喻能封住小包的口，却封不住人的口。也指禁令再严，人们对发生的事情总是议论的。

荷花出水才见高低

比喻事情还没有结果之前，不能过早下结论。

黑炭洗不白，金子染不黑

比喻人的本色一呈不变的。

恨小非君子，无毒不丈夫

指有志气的人对仇敌要痛恨，敢于果断下手除掉敌人。

猴儿学人形，改不了猴气

比喻即使形式上的模仿，也难以改变内在的本性。

后浪催前浪，新人换旧人

指时代向前发展，一代人更强过一代。

呼蛇容易遣蛇难

用咒语把蛇招来容易，把蛇打发走可就难了。意谓收容易，打发难。

狐狸再狡猾，也斗不过好猎手

意谓再狡猾的坏人，也会被更强的对手制服。

虎无伤人意，人有伤虎心

指老虎没有伤害人的意思，人却想伤害老虎。意谓相处一起，你不害他，他却要害你。

虎心隔毛翼，人心隔肚皮

指人难以揣摸他人的心思。

虎在深山，猫居床笫

笫：竹篾编的席。比喻人各自有其不同的生活环境。

花开两样红，人和人不同

指每个人都有不同的性格。

花开自有落时

指花的凋谢是自然规律。也比喻人事有盛衰、有兴败。

花无百日红

指好花不会长开不败。也比喻人生不会永远兴旺,一帆风顺。

花又不损,蜜又得成

指既不损伤花,又能酿成蜜。比喻人和事尽得两全其美。

花自花,鸟自鸟

指花与鸟本不是一类物种,不可生拉硬扯在一起。比喻各人的情况不一样,不可混淆。

画虎不成反类狗

类:像,类似。指画虎没画成型,反而画得像条狗。比喻不从个人情况出发,盲目模仿别人,反而会弄成不伦不类。也比喻做事如果不切实际情况,反会弄巧成拙。

话不说不知,木不钻不透

指话必须说得清楚透彻具体,别人才能真正懂得其中的含义。

话要说到心上,肥要追到根上

指话要说到人的心里去,施肥要施到庄稼根上,才能获得优良的效果。

话有三说三解

指相同的一句话,有许多不同的说法,也可有多种不同的解释。告诉人们说话要考虑周密,要准确地表达思想内容,不要造成听者的误会。

宦海风波,诡谲多变

指旧时官场上勾心斗角,高深莫测。

换汤不换药

比喻只有形式上的变动,而中心内容不变。

皇帝轮流传,今年到我家

指皇帝应该轮换当,百姓也可做皇帝。

黄连树根盘根,穷苦人心连心

比喻旧时穷苦人过着同样的苦难生活,心心相通。

黄毛丫头十八变

指少女在青春期生理、心理发育快,变化较大。

混龙闹海,鱼虾遭殃

比喻强者胡作非为,往往会使周围的弱者受连累。

J

鸡蛋里挑骨头

比喻故意挑剔毛病,寻找错误。

鸡蛋没缝,苍蝇下蛆也难

比喻只要自身强硬,再恶劣的东西也不能乘虚而入。

鸡兔不同笼

指鸡与兔不可在同一笼中喂养。比喻品质或志向不同的人不可能走到一起。

鸡窝里也出凤凰

比喻条件差的环境里也会出优秀的人才。

即使住在河边,也不能和鳄鱼交朋友

比喻即使与恶人处于同一环境,也决不沾染坏的恶习。

急惊风撞着慢郎中

指危急的患者偏遇上个慢性子的大夫。比喻情况紧急时却遇上个做事缓慢的人。

既不烧柴,又不下米

指没有烧柴做饭吃现成的。比喻不费力气而享受别人的劳动成果。

既当婊子,又立牌坊

比喻既要做恶事,又想获取好名声。

既到大江边,不怕水湿脚

比喻既然想做某件事,就不怕招惹麻烦。

既来之,则安之

指既然让他来了,就要使他安下心来。比喻事已如此,就应该安心面对。

既有今日,何必当初

比喻对今天的后果和当初的想法相差甚远,表示后悔。

既有青山在,何愁没柴烧

比喻只要保住最根本的东西,不愁以后没有发展的机会。

既在矮檐下,怎敢不低头

指既然立在低矮的屋檐下面,哪能不低头呢?比喻受人限制,只得委曲求全。

既在佛会下,都是有缘人

原指和佛有缘的人才可能相聚在佛门中。后借指志同道合的人聚在一起。

既在江湖内,都是苦命人

江湖:旧指四方各地。旧时认为在各地漂泊流浪的人,都没有太好的命运。

家花没有野花香,野花哪有家花长

比喻外面的野女子虽然吸引人,但不如结发妻子长久,能白头偕老。

见好就收

指事情达到一定程度就应该想到停手,免得做过了头,落得败兴人空。

见了菩萨烧炷香

比喻遇到对自己有利害关系的人就应送礼请求关照。

见人说人话,见鬼说鬼话

指见啥人说啥话。比喻为人处世老练,善于察言观色。

见什么佛念什么经

比喻对待不同的人要采用不同的处理方法。

箭在弦上,不得不发

指箭已经搭在弓弦上,就得射出去。比喻在紧急状况的迫使下,就得敢说敢做。

江山易改,禀性难移

指山川河流的面貌容易改变,一个人的禀性却很难改变。

讲不讲在人,听不听在己

比喻该讲而没讲应由讲者负责,该听而没听应由听者负责。

叫花子比神仙

指两者相比,相差甚远。

叫花子走路打狗,聪明人走路生财

比喻做一样的事情,人的才能不同,得到利益也不一样。

疖子出头好挤脓

疖子:由于细菌侵入皮肤毛囊而形成的肿块。指当疖子出头化脓后,挤掉脓就好了。比喻矛盾发展到一定程度就容易处理。

节令不到,不知冷暖;人不相处,不知厚薄

指换了一个新的节气才知气候变化,人通过互相交往接触,才能了解彼此的情谊薄厚。

诫无垢,思无辱

诫:警诫。垢:通"诟",耻辱。指时常地告诫自己,就会免于污辱的事情发生;不断地提省自己,就会免遭灾殃。

今日不知明日事

指今天不知道明天会有什么事。多指动乱年代,人心慌乱,朝夕难保平安。

今日河东,明日河西

指事物的风水变换。比喻世事盛衰会反复转换的。

今天的龙江不流昨天的水

指任何事物随着时间的流逝都会变成了痕迹,不值得再提。

金腰带,银腰带,赵家世界朱家坏

腰带:古代官员腰中所系,有金银饰物,以区别官员职务高低。赵家世界:宋朝皇帝姓赵,故称赵宋天下。朱家:指宋朝朱面力。徽宗时,朱面力在苏州主管奉应局,大肆搜刮,吏政腐败。指赵家的天下败坏在朱面力及其爪牙手中。

荆山失火,玉石俱焚

指荆山上失火,美玉和石头一起被焚毁。比喻好坏良莠,一起毁掉。

井水不犯河水

指井里的水与河水不相通。比喻双方互不相干,互不牵连。

君子动口,小人动手

指发生冲突时,君子通常讲道理处理问题,小人才肯动手打人。

君子矜人之厄,小人利人之危

指道德高尚的人同情别人的难处,卑鄙的人想从别人危难中得到好处。

君子千言有一失,小人千言有一当

指君子说话多了也会有失误,小人说话多了也会偶有得当的言语。比喻言多必失。

君子争礼,小人争嘴

指品德高尚的人追寻的是礼仪,而品行低劣的人争的是吃喝。

骏马却驮痴汉走，巧妻常伴拙夫眠

指好马常驮着个痴呆的汉子行走，聪明美貌的妻子却和呆笨的丈夫一起生活。

K

开弓没有回头箭

指已拉开弓往前射箭，就无法再将箭收回。比喻事情已经开始，就不可返回，只有勇往直前，勇敢坚持下去。

砍的不如旋的圆

比喻采取的方法不同，最终效果也会不一样。

砍一枝，损百枝

比喻伤害一人，也会使其他众多人感到悲伤。也比喻打击一个人往往能影响许多人。

看风使舵常顺利，随机应变信如神

指根据形势变化决定自己的行为，往往能把事情办得很成功；灵活地解决问题，会使问题处理得较妥当。

靠着米囤却饿死

比喻不利用已有的有利条件，导致受困。

可望而不可即

指可以望见但到达不了。比喻愿望与现实有一定的差离。

渴者易为饮，饥者易为食

饮：喝。食：吃。指饥渴的人不嫌弃饮食的好坏，比较容易接受。

口是伤人虎，言是割舌刀

比喻难听的话语如同老虎和刀子一样能伤害到别人。

口子大小总要缝

比喻问题无论大小总得处理。

寇准上殿，百僚股栗

寇准：宋代有名的谏臣，仕太宗、真宗两朝，前后两次出任宰相。百僚：百官。股栗：腿打哆嗦、发抖。指寇准一上朝，满朝文武官员都得害怕。也指寇准一身正气，疾恶如仇，敢于和邪恶作斗争。

苦瓜秧上长苦瓜，苦娘生的苦娃娃

指旧时穷苦人命运紧紧相连。

苦好受，气难生

比喻能忍受艰苦、劳累，但不能忍受别人的污辱。

苦时难熬，欢时易过

比喻困苦的日子不好过，快乐的时光却很快流失。

狂风不竟日，暴雨不终朝

竟日、终朝：指一整天。指狂风暴雨虽猛裂，不会一整天不停顿。也比喻力量越猛，越难维持长久。

困龙亦有上天时

比喻有才能的、处于逆境的人才终会有摆脱困境、施展才华的机会。

L

蜡烛不点不亮

指事物的变化借助外界的因果。比喻有的人经过指导,解释道理,才能明白。

来得清,去得明

清:清廉。比喻处理事情特别是在对待钱财问题上,要清正廉洁。

来得易,去得易

指容易得来的,失去也容易。

来是是非人,去是是非者

比喻谁惹起是非,还须由谁去收拾局面。

来说是非者,便是是非人

指议论是非的,也是与是非有关的人。也指提出某个问题的人,往往就是能够解决问题的人。

癞蛤蟆想吃天鹅肉

比喻痴心妄想着不能实现的事情。

揽下"瓷器罐",就得有"金刚钻"

比喻敢于揽下某种事,就必定有做某种事的本领。

浪从风来,草从根来

指波浪是由风掀起的,草木是从根生长的。比喻事情的发生总会有原因。

老不舍心,少不舍力

指老年人要多拿意见,年轻人要多出力气。

老的别惹,小的别逗

指老人和小孩招惹不得。

老的老,小的小

比喻队伍不整齐,缺乏战斗活力。

老生齐眉,旦角齐乳,花脸过顶,小生齐肩

指在戏曲基本功中,肩膀的高低,不同角色有不同的要求。

老鸦占了凤凰巢

比喻贱人侵犯了高贵人的物处。

老医少先生

指医生越老越有经验,而算卦的是越年轻越果断。

雷声大,雨点小

比喻虚张声势,实际上没问题。

冷锅里爆豆

比喻已经平息的事情,突然又爆发起来。

冷练三九,热练三伏

指练功夫要不畏严寒、酷暑,坚持不懈,才能成功。

冷人要人挑,热水要人烧

指任何事情得有人去做。

冷手难抓热馒头

比喻无从着手,碰到问题难入边际。

冷水浇头怀抱冰

比喻心灰意冷到了极点。

冷汤冷饭好吃,冷言冷语难听

指冷汤冷饭还能凑合吃下去,冷言冷语却难以接受。指冷言冷语会伤害人的心,使人难以忍受。

冷雨不大湿衣裳,恶言不多伤心肠

比喻冷言恶语最使人受到伤害。

冷灶着一把儿,热灶着一把儿

指往冷灶里烧一把火,往热灶里烧一把火。比喻待人处事同样对待,不趋炎附势。

礼有经权,事有缓急

指讲究礼节要区分不同的环境情况,处理事情要分清平常与紧急的情况。

力不敌众,智不尽物

指一个人的力量再大,也敌不过众人;一个人再有智慧,也不可能啥都知道。

力能胜贫,谨能胜祸

指勤苦劳动可以战胜贫困,谨慎行事可以免受祸殃。

力气是压大的,胆子是吓大的

比喻人的本领和才能是在实践中磨炼出来的。

力生于速,巧生于技

指力量是在快速运动中产生的,技巧通过熟练的操作中磨炼出来的。比喻熟能生巧。

粒火能烧万重山

指一粒小火星可以引起烧遍万重山的大火。比喻小问题不处理可能酿成大祸。

良善被人欺,慈悲生患害

指人过于善良慈悲,反会被人欺负,招致祸殃。

良药苦口利于病,忠言逆耳利于行

指好药味道苦,但有利于治病;忠言的劝告,听来逆耳,但有利于端正言行。

良药难治思想病,好话难劝糊涂虫

比喻药物医治不了思想上的病,真诚的劝导劝不过糊涂的人。

良医救病,庸医害人

指医术高超的医生能治病救人,医术低劣的医生危害病人。

梁园虽好,不是久恋之乡

指寄居之地再好,也不能长期居住。

两姑之间难为妇

两姑:丈夫的母亲和丈夫的姐妹。指处在婆婆与小姑之间的媳妇不好当。比喻夹在两个地位或辈分高的人之间,左右为难,很难处理好关系。

两瞽相扶,不伤墙木

指两个盲人互相搀扶着走,就不会被墙壁、树木等碰伤。比喻只有互相配合默契,才能把事情做好。

两好合一好

指双方都真诚,才能相处和好。

两虎相斗,必有一伤

比喻两强手相互争斗,必定有一方会受到伤害。

两目不相为视

指看事物的眼光不一样,得出的结论就可能不同。

两手劈开生死路,翻身跳出是非门

比喻离开是非之地或避开矛盾、挣脱冲突环境寻找出路。

两头白面,说长道短

白面:俗称好人。指两头讨好,搬弄是非,调拨离间。

两物相形,好丑愈见

指两个事物放到一起,就更加容易分辨清楚好与坏。

两雄不能并立

指两强碰到一起,必然要斗个你死我活,不能同时共存。

两叶掩目,不见泰山;双豆塞耳,不闻雷霆

指两片树叶能把双眼遮住,两颗豆子能把双耳堵住。比喻被细小的事物所蒙蔽,不能了解事物的全貌和本质。

两硬相击,必有一伤

指两强相互争杀,必定有一方受到伤害。

两只船同使一篷风

比喻两人共同受恩于一个人、一件事。

量大福也大,机深祸亦深

旧时认为肚量大的人福气也大,机谋深的人招惹的祸害也深。

量体裁衣,看菜吃饭

比喻要根据具体情况办事或处理问题。

量小非君子,无毒不丈夫

指度量小的人就不是君子,手段不毒辣的人就算不上大丈夫。比喻要干成大事胆量要大,手段要狠。

临上轿马撒尿

比喻在关键时候,却发生意外的事。

临时抱佛脚

指平时不敬佛,有急难时才向佛求救。比喻事到临头时才急于张罗补救。

临危望救，遇难思亲

指人遇到急难时总是盼望有人来救，碰到灾难时就会想起亲人。

临下骄者事上必谄

指对下级傲慢专横的人，对其上级必定谄媚阿谀。

临崖立马收缰晚，船到江心补漏迟

指骑马到了悬崖才立马收缰，乘船到了江心才弥补漏洞，都为时太晚了。比喻大错已经铸成，等到后悔也来不及了。

临渊羡鱼，莫若退而结网

指站在潭边羡慕别人得鱼，不如转身回去编织渔网。比喻与其空想不如实际行动起来。

灵鸟择木而栖，智士见机而作

有灵性的鸟选良好的树木栖身，聪明人选择最佳时机行动。

刘防牵前，郑译推后

刘防、郑译：原为后周官员，因辅助隋文帝杨坚有功，晋爵封公，权倾一世。指刘防于前面拉，郑译于后面推，使杨坚登上了皇位。

留情不举手，举手不留情

比喻双方只要一动起手来就不会留情面了。

六亲同运

六亲：古说不一，或指父、母、兄、弟、妻、子，或指父、子、兄、弟、夫、妇等。旧时近支亲族血缘密切，命运相连在一起。

龙生九种，九种各别

指龙生九个儿子，各有各的个性和爱好。比喻即使同胞兄弟，品质、个性等也会互不相同。

漏底的缸好补，穷困的洞难堵

指贫困不是一下子改变的。

路遥知马力，烈火识真金

遥：远。指路途遥远才能了解马力的大小，只有在烈火中焚烧才能显现出真正的黄金。比喻只有经过严峻的考验，才能鉴别真正的人才。

驴的朝东，马的朝西

比喻双方走的路相反。

驴事未去，马事到来

比喻一桩烦心事没完，另一件事又来了。

萝卜青菜，各有所爱

比喻各人有不同的爱好。也比喻人们的兴趣不一样，因此兴趣与志向也不一样。

螺蛳壳里做道场

比喻在极狭窄的地方办较大场面的事。

M

麻面姑娘爱擦粉,癞痢姑娘好戴花

比喻人总是要掩饰自己的短处和毛病的。

马勺没有不碰锅沿儿的

比喻人经常在一起,难免会发生一些纠纷。

盲公有竹,哑子有手

指盲人靠竹竿探路,哑巴凭手势说话。也指人可以实施不同办法克服困难。

猫帮猫狗帮狗,秃角向着呱呱呦

秃角:鸟名,学名秃鹫。呱呱呦:鸟名,即猫头鹰。比喻旧社会穷人命运相同,总是互相帮助,互相关照。

猫不急不上树,兔不急不咬人

比喻在危急情况下,任何人都会被迫做一些不同寻常的冒险行为。

猫狗不同槽,穷富不攀亲

旧社会指攀亲讲门当户对,穷人不和富人结亲,富人也不和穷人结亲。

毛毛雨打湿衣裳,杯杯酒吃败家当

比喻小的过节不注意,日积月累起来就会造成大的危害。

没风不起浪

指没有刮风就不能掀起波浪。比喻事情的发生总会有原因。

没家亲引不出外鬼来

指如无内部人接应,就不会有外面的人来找事非。比喻没有内部的人和外界人串通一气,就不会把外边的坏人引进来。

没事常思有事

指在没有发生事情之前,应有思想准备,防备事情发生时搞得措手不及。比喻要居安思危。

没有家族是孤独,没有亲戚是寡人

指人要是没有别人的关照与扶持,就会变成孤独的人。

没有舌头不碰牙的

比喻经常在一起的人难免不发生纠纷。

美色不同面

指美貌佳人长得并不相同,但都很美丽。

猛虎化为人,好着紫葛衣

紫葛衣:用葛布做成表面有花纹的衣服,很像虎皮。指老虎变人后,仍爱穿和虎皮一样的衣服。比喻本性很难改变。

猛虎之犹豫,不若蜂虿之致螫

虿:蝎子一类毒虫。螫:蜇,蜂蝎用毒刺刺人或动物。指犹豫不决的猛虎,不如敢用毒刺的蜂蝎。也指行为坚定的弱者,比犹豫不决的强者更有战斗的实际效果。

米有糙白,货有低高

指米有粗细,货的价格有高低。比喻人的品貌本领有好坏高低的区别。

明者睹未然

指明智的人能够预测还没发生的事情。

命令如山倒

命令:上级对下级的指示。指一道命令发布下来,就像一座山倾倒下来一样。也指下达命令任何人都必须服从。

命若穷,掘得黄金化作铜;命若富,拾着白纸变成布

旧社会认为穷富是生来注定的,人的能力无法改变。

莫学封使君,生不治民反食民

使君:汉代称郡守。不治民:不管理民事。反食民:反而变成吃人的老虎。指不要做封使君这样的郡守,活着不管理民事,死后反而变成虎吃人。

母生九子,种种不同

指一母所生的同胞兄弟个性志向往往都不一样。

木必先腐而后虫生,人必先疑而后谗入

指树木先腐朽了,然后才生蛀虫;人先因有了猜疑,然后才容易听得进别人谗言。比喻事物的发展变化都有其内在因素。

木不跟木同,人不跟人同

指物种各异,人也都不一样。

木已成舟

比喻事情终成定局,改变不了。

N

哪个门上挂有免事牌

指哪家都会有发生些难办的事,一点没事的家是没有的。

哪样树开哪样花

比喻缘由不同,结果也会不一样。

内邪不生,外贼不入

指如果内部没有邪恶,外部的贼害也不会侵入。也指邪恶的发生,内因是起决定作用的。

南风腰里壮,北风两头尖

原指南风两头势弱,中间势猛;北风两头势猛,中间势弱。比喻什么事情都会有起有落,不是一成不变的。

闹孩子吃奶多

指爱哭闹的孩子,妈妈总会给喂的奶多。比喻爱闹事的人,得到的关照也比较多。

能大能小是条龙

指传说中龙是神灵,能够根据不同情况随意变幻。比喻为人处世能屈能伸,才可能大有作为。

能大能小是条龙,光大不小是条虫

比喻一个人要能伸能屈,能上能下,能够左右整个局势,大小事都能做,才能算是真正的英雄好汉。

泥人不改土性

比喻人或事物的本质是难以改变的。

鸟各有群,人各有志

指人各有自己的理想报负,如同鸟各随自己的鸟群一样,不能强求统一。

鸟靠翅膀兽靠腿,人靠智慧鱼靠尾

指生活中充满明争暗斗,靠真实才能才可以生存发展。

牛角洗不出象牙来

指牛角再怎么冲洗也成不了象牙。比喻人或事物的本质是改变不了的。

牛事不发马事发,人事不发庄稼发

指这里没事,那里就会有事,总有不断发生、解决不完的事。

牛套马,累死俩

指牛走得慢,马走得快。所以牛马速度不一样,不能在一起拉车,否则不能走在一起。比喻二者情况不一样,强行组合,对双方都无好处。

牛头不对马嘴

比喻两者相差甚远,不能吻合。

牛要耕田马要骑,孩子不管耍赖皮

指牛马要驯服才能听人使用,孩子从小就要严格教育才不会变成地痞无赖。

农民要想富,就得挖黑库

指有煤矿的地区,大力发展煤炭,才是致富的有效方法。

O

藕发莲生,必定有根

比喻任何事情的发生,必有缘由。

P

怕摔跤先躺倒

比喻害怕受贫穷先作穷困打算。也比喻怕发生问题,先采取对应措施。

怕灾就来祸,躲也躲不过

旧指灾祸的发生是命运注定的,担心害怕、躲避都不管用。

旁观者审,当局者迷

审:仔细观察。指局外人清楚明白,观察仔细,而当事人却有局限性,容易产生迷惑。

盆打了说盆,碗碎了说碗

比喻发生啥事情,就解决啥事情,就事论事,不要牵连其他事。

蓬生麻中,不扶自直;白沙在泥,与之皆黑

指飞蓬生长在麻丛中,不用扶持也会直立起来;白沙掺和在泥土里,总会变成和泥相同的黑色。比喻环境的优劣，对人的影响很大。

拼得工夫深，铁杵磨成针

铁杵：铁棒。传说李白少年时，在道上遇见一个老太太，正在磨一根铁杵，说要把它磨成一根针。李白受到感动与鼓舞，改变了中途辍学的念头，刻苦学习，后成为大诗人。比喻只要下大工夫，任何难事也能办成。

平原走马，湖上荡桨

指生活在平地学骑马，生活在水上学划船。也指到啥地方就学啥本事。比喻不同环境的人各有所长。

泼了奶子还有乳牛

指只要乳牛活着，就不怕没牛奶吃。比喻只要保住根本，就不愁生存与发展。

婆娘家，性如水

婆娘：妇女的俗称。旧指妇女没有主见，变化不定。

破巢之下，焉有完卵

巢：鸟窝。完：完好，完整。指鸟窝被打翻了，哪会有完整的鸟蛋。比喻整体遭到破坏，局部或附着的人与物地必然遭殃。

Q

七情六欲人皆有之

七情六欲：七情为喜、怒、哀、惧、爱、恶、欲，六欲为生、死、耳、目、口、鼻之欲。指每人都有各自不同的想法。

七月的天，孩子的脸

指七月的天气变化不定。

七月十五红圈，八月十五落杆

落杆：用杆敲落（枣儿）。指阴历七月中旬左右枣儿半红，八月十五前后果熟收获。

千锤打锣，一锤定音

比喻众人意见不一样，最后要由主事者一人定案。

千里不同风，百里不共雷

指一千里内没有相同方向的风，一百里内没有相同声响的雷。比喻各地事物也不一样。

千里送宝，不在大小

指重要的是否有用，用处大小倒是次要。

千年大道走成河

指大路走的人多，逐渐下沉，年代长久，最终变成河道。

千年地产八百主

指一千年的田地，要替换过八百次主人。比喻世事变化多千，盛衰不定。

千年万年河不定

旧时指黄河河道经常改变，经常泛滥成灾。

千人千脾气,万人万模样

指人的性格、脾气等都不尽相同。

千死万死,左右一死

千种死法,万种死法,终归不过一死百了。指人走到绝境时,只有一死了之。

前山打鼓前山应,后山唱歌后山听

比喻人不能志同道合,就不会发生共鸣。

前晌打伞遮不了后晌的雨

前晌:上半天。比喻事局变了,以前做过事情不起作用,处理不了后来发生的事情。

前世烧了断头香

断头香:指在神前点燃的香没有烧完就熄灭了。迷信认为,前世假如烧了断头香,就会惹怒神佛,后世就要经受苦难,没有后代。这是反映因果报应的关系。比喻前世不谨慎得罪了神灵,今生今世许多事不顺心。

前有车,后有辙

辙:车轮碾过留下的痕迹。指前面有车轧过,后头就留下车轮印。比喻仿照别人的做法,跟着人家学习。也比喻前人的经验教训,后人要借鉴学习。

强者一轮,弱者一轮

一轮:十二年为一轮,这里泛指一段时间。指世事不只是强者的天下,总会有改变的时候。

亲的原来则是亲

指父子兄弟之间,血脉相通,不管怎样总是最亲近的。

亲者割之不断,疏者续之不坚

续:连接。指关系亲近的,用刀割也不断;关系不亲密,强连到一起也不牢固。也指人际间关系的亲疏是不能强扯在一起。

青龙共白虎同行,吉凶事全然未保

青龙白虎:四方宿名——前朱鸟,后玄武,左青龙,右白虎。旧时认为青龙是吉星,白虎是凶星。比喻吉凶祸福,难以预知。

青山易改,秉性难移

秉性:天性。指人的个性是难以改变的。

穷帮穷,富帮富,麦糠不能做豆腐

指旧时穷人与富人是两个不同阶级,相互对立、互不通容。

穷不同富斗,男不同女斗

旧时妇女地位低下,男和女斗,有失身份。指贫富贵贱不一样,不可相互斗争。

穷有好时,富有倒时

指穷人也会有好日子过的那一天,富人也会有败落的日子。也指穷富都是相互转化的。

求名在朝,求利于市

市:集市。指想求名到朝廷,想求利去集市。比喻追求名利各有不同的地方。

拳头硬的是大哥

指力气大的是强者。比喻谁的实力最强壮,谁就是强者。

R

人比人,气煞人

指人跟人相比较,境况差的人就会被气死,就会产生烦恼。比喻人与人之间区别较大,不能比较。多用来感叹人的社会地位、生活条件等差别很大。

人比人死,货比货扔

人若与人相比,不行的会郁闷而死;货若与货相比,不好的就要被扔掉。指无论是人或是物都有好弱优劣之分,无法相互比较。

人大心大

指人长大了思想感情就会变得相当复杂了。

人到穷时想卖天

指人到了窘迫无助的时候,就会不顾一切。

人急烧香,狗急跳墙

跳:越过。指人碰到危难时,烧香拜佛,求神保佑;狗被逼急了就会越墙而逃。比喻人到绝境时,只能无奈地求助冥冥中的佛祖,以解脱精神上的压力。

人力可以回天

指人主观上的努力争取,就能改变客观上已成的定局。

人面逐高低

旧指人情趋炎附势,攀结高贵,贫穷的人处处遭人的白眼。

人挪活,树挪死

指变个环境生活会给人带来希望。

人善鬼不善,人怕鬼不怕

旧社会迷信的人认为善良的人在世时,怕这怕那,一旦变成鬼魂便凶恶了,什么都不怕。

人上一百,形形色色

指人众多,就会有各式各样的人物。

人同此心,心同此理

同:相同。指对于有些事情,人们的感觉与想法大都相同。比喻人们有共同的看法与论事理标准。

人无前后眼,祸害一千年

指为人处世假如只顾眼前利益,不会久远,就会贻害无穷。

人心不似水长流

指人心变化莫测,不同水不断地只朝一个方向流去。比喻人心是在不断变化的。

人心不同,各如其面

指人的想法就像人的面目一样各不相同。比喻人的脾气、个性各不相同,就像人的面目千差万别一样。

人心不同,若其面焉

指人心各不相同,如同人的面目千差万别一样。

人有同貌人,物有同形物

指人是有相似容孔的,如同东西有相似形状一样。

人在世上炼,刀在石上磨;千锤成利器,百炼变纯钢

指刀剑经过无数锤打才会锋利,钝铁经过多次冶炼方能变成纯钢。比喻人要成才,必须经过磨炼。

人之相去,如九牛毛

九牛毛:极言数量之多。指人与人之间差异是非常巨大的。

忍得十日破,忍不得十日饿

指如果长时间衣破受冻好忍受,而长时间无粮挨饿便忍受不住。也指吃饭与穿衣相比较,吃饭更重要。

日出事还生

指每日都会新鲜的事情发生。

日中则移,月满则亏

亏:亏缺。指太阳升到正当午,就开始偏移西方;月亮变得正圆,就开始逐渐残缺。比喻任何事物达到顶峰时期,就开始被向反面转化,走向衰败。也比喻事物发展像太阳、月亮运行一样,有其客观规律性,盛极必衰。

弱水不载鹅毛

弱水:又名黑水,古水名,古籍所载弱水甚多。指弱水水量极微,连鹅毛都飘浮不起来。

S

三伏的天,慈禧的脸

三伏的天:三伏期间天气热,阴晴变化不定。慈禧:慈禧太后,清穆宗母,垂帘听政四十七年。指三伏的天气,和慈禧太后的脸一样,变化无常。

三人不成党,五人不成群

指人多容易混乱,结合不成队伍。

三十年河东,三十年河西

三十:泛指多数。河:指黄河。旧社会黄河常改道,某个地方原来在黄河东边,多少年后又变成在黄河西边。比喻世道或人事兴衰、交替变化不定。

三岁定终身

指小时的脾气、个性,一辈子也改变不了。

桑田变沧海,沧海变桑田

桑田:农田。沧海:大海。指农田变成大海,大海变成农田。比喻世道有开天辟地的变化。

沙场无老少

沙场:指战场。指在战场上死亡,是不论老少的。也指人一上战场,谁都有被战死的可能。

啥样的日子也有个头

指人生无论是富贵，还是贫穷的日子，全都会有转化的机会。

山不转路转

指山虽然固定，但路可以绕着山转。比喻事物是可以发生变化的或总有通变的法则。

山有高峰，水有激流

比喻人的生活是不固定的，并非一成不变。

上卦不灵下卦灵

卦：古代的占卜符号。比喻这次没达到目的，下一次肯定行。

上梁不正下梁歪

比喻长辈或上级不正直，晚辈或下级也仿照他们的样子学。

上面一条令，下面千条命

指上级一道命令下达，会使下边许多百姓拼命干。也指发命令要慎思，当官的要体贴百姓。

上面有个佛，下面就有个金刚

佛：指佛祖。金刚：佛祖前的守护神。比喻上面有个官员，下面就得配属员。

上坡路吃力，下坡路好走

比喻人追求向上很费劲，消极堕落却十分容易。

上阵无过父子兵

指在以生命相拼的争斗中，只有血脉相连的父子兄弟，才能并肩作战，置生死度外。

舌上有龙泉，杀人不见血

龙泉：古代剑名。比喻语言有时可以把人害死。

舌头跟牙齿还常斗一斗

比喻人与人之间发生点小摩擦是难免的。

涉浅水者得鱼虾，涉深水者得蛟龙

指收获的多少，决定于所冒风险的程度。

生成的相，晒成的酱

指人的长相是生成的，酱是晒成的。也指人的面貌是没法改变的。

生就的骨头长就的肉

指人生成的天性没法改变。

十个人十样性

指十个人有十个不同的性格。也指每个人有各自的性格和特性。

十个指头不一般齐

比喻人与人、事物与事物，都不会完全相同，差别总会有的。

十个指头咬着哪个都疼

比喻血脉相连的亲属，伤着哪个都同样心疼。

十家锅灶九不同

比喻各人的境况不一样,各人的想法也不同。也比喻人或事物之间有区别。

十里不同俗

指相隔十里地,风俗便不一样。也指一处有一处的风俗习惯。

十里不同雨,百里不同风

指相隔十里,雨量不同;相隔百里,风向不同。也指气候因不同地势而有区别。也泛指地域不同,情况不一样。

十年财主轮流做

旧指穷富变换,财主收集起来的财物,过段时期又会落入他人手中。

十年高下一般平

指农业收成,每年产量不同,如果以十年为期限平均计算,每年都收成中等。

十年河东,十年河西

原指风水运转这一时期在河东,那一时期又转到河西。后多指世事兴衰往往是有周期性变化的。

十指尖尖有长短,树木林莽有高低

比喻人与人,物与物总是有区别的,不可能相同。也比喻人或事物之间是不一样的。

十指连心

指手指受伤,会痛到心里。比喻手的十指的痛痒,通连着心。

什么人玩什么鸟

指不同种的人有不一样的志趣和爱好。

士别三日,便当刮目相看

士:士人,此泛指人。指人分别三天以后,就要擦亮眼睛去观看。比喻读书人时刻在进步,不可轻视。

仕宦不止车生耳

车生耳:古时官宦乘的车,车旁有遮尘泥的曲钩,叫车耳;官位不同,车耳也不同,官位晋升,叫车生耳。旧指做官持续地高升,官位自然越来越荣耀。

事出有因

指事情的发生,总有它的缘由。

事大事小,到跟前就了

指事情不管大小,到时就会自行了结。

事大事小,见官就了

旧指是非不论大小,一经官断,自然会了结。

事到头来不自由

指事到眼前,只有听凭事态的发展,由不得当事人自己来决定。

事可一而不可再

再:第二次。指错误行为发生一次还可原谅,第二次再发生就不可饶恕。

事有因,话有缘

指事情的发生有它的根缘,流言的传播也有它的源头。

是非呵也出不得俺这渔樵

渔:渔夫。樵:打柴人。指穷苦人中间不会有功名利禄上的纠葛。

是骡子是马,牵出来遛遛

比喻一人的才能是否大小,本领是高是低,亮出来比试比试,就能知道结果。

是山总有路,是河总有桥

指山不论高低,总有可爬上的道;河不管宽窄,总有可渡过的桥。比喻什么事情,都可找到处理的方法。

是神的归庙,是鬼的归坟

比喻不同品质的人,走的路不同,各有各的归宿,互不相通。

手掌儿怎样看得见手背儿

比喻人没法了解背地里发生的问题。

熟油拌苦菜,由人心头爱

指用香油拌着涩味苦菜,很不适宜,却有人好爱吃。也指人的志向追求,都不一样。

鼠无大小皆称老,龟有雄雌总姓乌

指鼠不管大小都叫老鼠,龟不管雄雌都叫乌龟。也指名称都是约定俗成的,不必追问它的根源。

谁家的菜勺不碰锅帮

比喻哪家都会有产生纠纷的时候。

谁是常贫久富家

指贫富不停转换,富不传代,贫不扎根。

水来土掩,兵到将迎

指敌人来攻打,就相应组织兵力迎战。也指发生了矛盾,就要采取相应措施去对待。

水流船行岸不移

指无论水流船行,两岸稳毫不动。比喻有坚定信心的人,无论情况发生怎样的变化,丝毫不会动摇。

水浅不是泊船处

泊船:停泊船只。指水浅处不可泊船。比喻安身居所要选择有发展前途的地方。

水是流的,鱼是游的

比喻一切事物都是发展变化的,不会永远不变。

水有源,树有根

指水是从源头流出来的,树是从根部长出来的。比喻一切事情的产生总有根源。

睡多梦多

指睡觉久了,做的梦也多。也比喻办理事情时间拖久了,就会产生不利的变化。

说唱不分家

指说和唱有内在关系,又可以相互促进,相辅相成。

说话的无意,听话的有心

指讲话的人本来是信口开河,听到的人却往往用心捉摸,引出是非。也指听到的人容易把听到的话与自己心里的想法关联在一起。

死者为大

指同辈人中,不管老少,有无地位,先去世的人为大。

T

他人骑马我骑骡,仔细思量我不如;回头下有挑脚汉,比上不足,比下有余

多指生活要知足常乐。告诉人们不要只跟胜于自己的人相对比,也要与不如自己的人作对比。

泰山高还有天,沧海深还有底

比喻好的之外还有更优秀的,强手后面还有本领更强的。

叹气一口,宅低三尺

比喻悲观消极,不求进步,会使家业败落。

逃荒愿往南逃一千,不愿北逃一砖

指南方容易生活,活路多,都愿往南去奔生计。

讨老婆看妻舅,买衣裳看衫袖

老婆:妻的俗称。妻舅:妻的兄或弟。指了解妻舅,就知老婆怎样;看了衫袖,就知衣裳好弱。也比喻通过比较推理,便可掌握全局。

天变一时,人变一刻

指人的变化如同天气变化,叫人捉摸不透。

天上雷鸣一个音

比喻同类的人或事物,大概都一样。

天上没有不飘去的云彩,世上没有不离散的筵席

比喻世上人有合就有离,世上事有成就有败。

天塌有大个,过河有矬子

矬子:矮个子。指天塌下来,先有高个子顶着;过河水淹,先淹矮个子。旧指发生灾祸自有别人承担责任,不必自己劳神。

天无一月雨,人无一世穷

指天不会总是下雨,人不会一辈子受穷。也指事物总是发展变化的。

天下老鸹一般黑

比喻同类事物的本质都是相同的。多用于贬义。

天要落雨,娘要嫁人

比喻没法挽留的事实,只能顺其自然。也比喻客观事物的发展是任何人都改变不了的。

天子过一日,贫子过一日

贫子:乞丐。指不同层次的人有不一样的生活方式。也指不论贫富,同样地要过生活。

甜从苦中来,福从祸中生

指甜和苦、福和祸相互转化,苦能变甜,祸能变福。

铁打衙门流水官

衙门:官署,旧时官吏办事审案的地方。比喻衙门固定不变,官员升迁不定,如同流水一样,不停变化。

铁炼成钢,兵练成将

指铁经过冶炼能变成好钢,士兵经过磨炼能成为好将领。

同林的鸟儿有丑俊,同根的柳条有曲直

比喻人的状况各自不同,即使生活在同一处所,美丑、善恶也不尽相同。

偷鸡猫儿性不改

比喻恶人本性难以改变。

头发不剪,总要长的

比喻发生了的事情不处理,总是要滋生蔓延。

兔子急了也要咬人

比喻弱者到了危急关头,也会不顾一切地冒险。

W

万变不离其宗

宗:宗旨,目的。指无论发生什么变故,事情的主要目标和志向始终如一。

为虎所食,其鬼为伥

伥:即伥鬼,迷信指被虎咬死的人变成的鬼。指传说伥鬼不敢离开老虎,并做老虎的爪牙。

为人不见面,见面去一半

指听说得来的印象,跟相见时的认识会有较大区别。

文的开口知抱负,武的举手显高低

指文人一讲话,就可知道他的城府有多深;武士一摆架势,就可明白他的武艺有多高。也指举止言行能显示出人的气质与能力。

文官学士,武官大夫

学士:古代官名,魏晋六朝时征文学士掌典礼、编纂、撰述之事,通称学士,唐时开始设置学士院。大夫:古代官名,殷周时就有大夫、乡大夫、朝大夫等官职,唐宋有御史大夫、谏议大夫,明代废置。见了文官就称学士,见了武官就称大夫。指旧时官场,故意炫耀别人官职,互相奉承。

乌龟王八一路货

乌龟、王八,都属鳖类,原是一路货色。比喻行为卑鄙的人,表现形势尽管不同,实质是一样的。

乌鸦彩凤不同栖

指乌鸦与凤凰不会同栖一处。比喻高雅的人不与小人同流合污。

乌鸦叫,口舌到

旧指听到乌鸦叫,就要招来言语是非。

无农不稳,无工不富,无商不活

指不搞农业,人民生活不稳定;不搞工业,国计民生不富裕;不搞商业,社会经济不繁荣。

物极必反

指事物发展到极点,就必然背向它的反面。

物极则反,泰极则否

指幸运达到极限时,就要转化为倒霉。

物有不同物,人有不同人

指物与物不一样,人与人也不相同。也指人的差别是必然存在,不能统一要求。

席间有酒,无令不成欢

令:酒令,旧时酒桌上做的一种游戏,不能按令行事者罚喝酒。指喝闷酒没兴趣,轮流行酒令才能增加席间畅快气氛。

戏法人人都会,各有巧妙不同

指戏法人人都会变,有人变得巧妙,有人变得笨拙。比喻做事,有人做得很呆笨,有人能别出心裁。

先长的眉毛,比不上后长的胡子

比喻后来的人或事物可以超过先前的。

相好命好,命好相好

指人长得好,其命运也好。旧时认为人的面相和命是紧密相连的。

相见比高低

指事与事相比之下,就能清楚地分出好坏。

相生必相克,相克必相生

克:制服。生:发生。指世界万事万物,都是互相转化的。

香配香,臭配臭,红辣椒配的黑酱油

指人或物总是按照不同的层次或特性互相搭配。

小错护短,大错不远

指有小毛病一味护着不肯改掉,用不多久就会铸成大的祸患。

小洞不堵,大洞吃苦

指小漏洞如不及时补救,加以堵塞,时间久了,变成大漏洞,就会造成大的灾难,难以挽回。

小鸡不尿尿,各有各的道

指鸡喝水而不尿,自有它排尿的方法。比喻条件不同,人的境况也就不同。

小曲好唱口难开

指山歌或俗曲，开头常有一两句与主题无关的唱词，或先唱一段有声无义的长腔作为引子，故有此说。

小人报仇眼前，君子报仇三年

指小人报仇，凭着一时冲动，不考虑后果；君子报仇，重在深远考虑，不急于眼前。

小时偷针，大时偷金

指小时候敢偷一根针，长大就敢偷金银财宝。也指从小时候就应当注意教育，小时沾染的恶习，长大时就会发展成犯罪。

小事不治，大事不止

指小问题不及时处理，发展成大问题就不好办了。

小巫见大巫

巫：巫师，旧时称以降鬼神为职业的人。指小巫师见到了大巫师，就感到自己道业不深。比喻两相对比，差别很大。

孝子见人低三辈

孝子：指为父母守丧的子女。指传统习俗，凡来灵前吊孝的人，不管辈分大小，孝子一律照例磕头答谢。

些小不补，直至尺五

比喻小的漏洞不及时补救，就会发展成大的祸患。

鞋不加丝，衣不加寸

丝：长度单位，十丝等于一毫。指鞋若加一丝，衣若增一寸，就不合适了。

鞋底离不了鞋帮，秤砣离不开秤杆

比喻利益相关的人或密切相关的物必须配合，如不配合，都会失去其价值。

心有余而力不足

指心里想去做，但没有这个能力。

行船要识礁，扬帆要看风

指船在海里行走，必须躲开暗礁；扬帆时，得依风的顺行，迎风向不同的角度。比喻做事要注重主要性问题。

行客拜住客

通常指是外地来的人，去拜见居住在本地的人。旧时指官场中的规矩，无论职位高低、岁数大小，后到者要拜见先到者。

行有行风，帮有帮俗

比喻各行各业都有自己的规矩与习惯。

兄弟如手足，骨头连着筋

指兄弟亲如手足，如同筋骨相连。

兄弟是手足，妻子是衣服

旧指兄弟是同胞亲，如手足一样密切；妻子是外姓人，就如衣服，破了可以另买。

Y

牙跟舌头还有不和的时候

指牙齿和舌头总在一块，也难免要互相碰撞。比喻再亲近的人也会发生矛盾。

衙门越大，官事越小

指旧时越是上级官府，办理的案件越少。

妍皮不裹痴骨

美丽的皮肤包裹不住愚笨的资质。比喻外表美丽与内部智慧是统一的。

言可省时休便说，步宜留处莫胡行

比喻说话办事要谨慎，不该说的话不说，不能做的事不做。

阎王斗气，小鬼难活

阎王：指大人物。小鬼：指平民百姓。指大人物之间发生争斗，遭殃的是平民百姓。

阎王好做，小鬼难当

比喻上层人物容易当，下属办事不好做。

阎王注定三更死，谁敢留人到四更

旧指阎王要人啥时候死，就得啥时候死，不能逃脱。

筵无好筵，会无好会

旧时往往借举办酒席、宴会的幌子，谋害赴邀的人。

眼观鼻，鼻观心

①比喻羞愧而低头不语。②比喻精力集中，心无旁骛。

眼睛一眨，老母鸡变鸭

指魔术师变魔术，一眨眼母鸡变成鸭。此谚流行于江浙一带。比喻事物瞬息万变。

眼前难会合，到底也埋怨

难会合：指不该结合而硬凑到一块，最后彼此都会遭埋怨。

羊在山坡晒不黑，猪在圈里捂不白

比喻人或事物的本质是不会改变的。

摇头不算点头算

指摇头表示不同意，点头表示赞成。

咬人的虎不露齿

比喻真正凶恶的人不在外表显露出来。

咬人狗，不露齿

比喻真正凶残狠毒的人，往往表面上不流露。

药不能治假病，酒不能解真愁

比喻假装的病，药没法治；真有忧愁，美酒也解决不了。

要吃烂肉，别恼着火头

指要想吃炖烂的肉，不要惹恼掌管炊事的人。比喻要想达到某一意图，就不要得罪与此有关系的人物。

要吃羊肉，又怕膻气

比喻既想得到利益又怕败坏名声。

要打看娘面

比喻要打孩子，要看他娘的脸色。

要打没好手，厮骂没好口

比喻打骂起来，互相都不会留面子。

要东就东，要西就西

比喻说一不二，要怎样就得怎样。

要好不能够，要歹登时就一篇

比喻要他说好不可能，要他说坏倒有的是。

要暖粗布衣，要好自小妻

比喻粗布衣服最保暖，元配的夫妻最恩爱。

要甜先苦，要逸先劳

比喻要过好日子必须先经历苦，要得舒适必须先勤劳。

夜长梦多

指夜眠长了，做梦就多。也指时间一拖长，事情就会发生变化。

夜壶合着油瓶盖

指油瓶的盖子有时却用来盖夜壶嘴。比喻事物有时发生意外的结合。

一把钥匙开一把锁

比喻用不同的方法解决不同的事。

一半儿推辞一半儿肯

指表面上推辞，心里却是愿意的。意谓半推半就。

一棒打着两个人

比喻一句话同时得罪两个人。

一棒打着两只鸡

比喻做一件事达到两个目标，一举两得。

一报还一报

报：报应。本指善因得善果，恶因得恶果。比喻做恶必会遭报应。

一鼻孔出气

比喻站在同一立场、持相同的观点。

一壁打鼓，一壁磨旗

打鼓：指进攻。磨旗：卷旗，指准备停战。比喻做两种思想准备。

一鞭一条痕，一掴一掌血

抽一鞭留下一道痕迹，打一巴掌留下一掌血印。比喻做事踏实认真。

一波未平，一波又起

前浪没有平息，后浪又翻卷起来。比喻一个事情没有处理，接着一个又发生了。

一不敌众

比喻一人不能背离众人的意见。

一不积财，二不结怨，睡也安然，走也方便

指过多地聚敛财物或与他人结下仇恨，都有可能招惹祸患。

一不扭众

比喻一个人改变不了大多数人的意见。

一不顺心，百不顺心

比喻只要有一件事情不顺心，许多不顺心的事便会接踵而来。

一不做，二不休

比喻事情出于无奈，已经做了，就坚决做到底，不罢休。

一步赶不上，步步赶不上

指要紧的一步没有赶上，以后就离得越远。

一长便形一短

指有长的便显出短的来。比喻有好的便显出坏的来。

一处水土一处人

指不同地域的人，风俗习惯、生活环境各自不一样。

一登龙门，则身价十倍

一旦登上龙门就变成龙。比喻一旦得到有权势者的推荐就会身价百倍。

一斗米养个恩人，一石米养个仇人

给予的东西虽少但很及时，会成为恩人；给予的东西虽多但不适宜，反会成为仇人。

一动不如一静

比喻多一事倒不如少一事。也比喻变动不如静静守着。

一度着蛇咬，怕见断井索

索：绳索。指被蛇咬过一次，见了半截子井绳也害怕。也指受过一次惊吓，再有相同的情况就会畏惧害怕。

一番拆洗一番新

指衣被等经过拆洗就变成新样子。比喻世事更替不断变化。

一分醉酒，十分醉德

比喻喝酒时微醉仅是醉酒，大醉就会损害道德品质。

一个巴掌拍不响

比喻矛盾双方都有责任。

一个半斤，一个八两

旧制一市斤为十六两。比喻彼此彼此。

一个鼻子眼儿出气

比喻两人处于一个立场上。多含贬义。

一个不摘鞍，一个不下马

比喻对方的双方互相较劲。

一个槽上拴不下两头叫驴

比喻一个地方不能容纳两个逞强的人。

一个唱红脸，一个唱白脸

红脸、白脸：传统戏曲中以不同色彩的脸谱来显示角色的不同性格。因以"红脸"指敢于严声厉色、直言不讳的人，"白脸"指和事佬或伪装公正的人。一个扮好人，一个扮恶人。比喻串通一气，软硬兼施。

一个锅里抡马勺，马勺难免碰锅沿

马勺：舀水舀饭的长柄大勺子。比喻人与人在一起，难免发生纠纷。

一个和尚挑水吃，两个和尚抬水吃，三个和尚没水吃

指人少责任明确，事情好办；人多互相推诿，反而办事拖沓。

一个老鼠坏了一锅汤

1. 比喻一个坏人能把一个集体搅乱搞坏。2. 比喻一点东西霉烂腐败，能污染所有的东西变质。

一个篱笆要打三个桩，一个好汉要有三个帮

指再有能力的人也离不开别人的扶持。

一个萝卜一个坑

比喻人员和职位正好相符，或在每个栏目中都有相应的份额。

一个朋友一条路，一个冤家一堵山

比喻朋友没有多，冤家没有少。

一个脑袋上的头发有黑有白

比喻人和人，物和物，总会有区别，不可能都相同。

一个人是死的，两个人是活的

比喻一人办事困难重重，两人配合着就会好办得多。

一个师傅一个令，一个和尚一个磬

磬：佛教的一种打击乐器。比喻各人自有其不同的做法。

一个时辰一个令

指一年四季随着气候变化有不同节气。也比喻不同历史年代有不同的政治局势。

一个碗内两张匙，不是汤着就是抹着

匙：小勺。汤：通"荡"，摆动，碰撞。抹：擦。比喻生活在一起，免不了要发生纠纷。

一个小鸡不好，带坏一笼

比喻一人不好，会牵连整体。

一个印盒脱下来的

印盒：模子。比喻双方十分相似。

一个衣包里爬出来

比喻亲兄弟姐妹。

一个竹眼钉一条钉

比喻针锋相对。

一根单丝难成线,千根万根拧成绳

比喻个人力量总是小的,众人团结起来力量大,形成气候就能办成大事。

一根线拴俩蚂蚱

蚂蚱:蝗虫。比喻相互制约,挣脱不了。

一回情,二回例,三回不借淘闲气

指接济别人时,第一回他会感激,第二回他会当作平常一件事,第三回不接济他会怨恨你。也指接济别人,应该谨慎为好。

一会儿锣,一会儿鼓

比喻拿不定主意。

一家盖不起龙王庙,一人造不起洛阳桥

比喻个人的力量有限,只有共同团结才能做成大事。

一家门口一个天

指一家一户,各有不同的门风与地位,不同的为人处世方法,不能相提并论。

一家人臭嘴不臭心

指一家人即使拌嘴争吵,也不会互相记仇。

一脚踏了两家船

比喻主张含糊不清、思想不坚定或投机钻营、两面应付。

一俊遮百丑

比喻一个长处能遮掩很多短处。

一棵树结的果儿有酸有甜,一个娘生的孩儿有忠有奸

指人与人之间的区别很大,即使一母所生,好坏也不一样。

一颗麦子一道缝,一个人儿一个性

指每个人都有自己的性格,如同每颗麦粒上都有一道不一样的缝隙。

一客不烦二主

一个客人不烦累两家主人。指求人办事情,要一跟到底,不要再找其他人。

一里不同俗,十里改规矩

指不同的地区,即使相距较近,也都各有不一样的风俗习惯。

一粒老鼠屎,搞坏一锅粥

比喻很少的一点坏东西,把整个局面都搞坏掉了。也比喻个别人的劣迹行为,会牵扯到整个集体的名誉。

一力降十会

会:指武艺行家。比喻一个力气非常大的人可以打倒十个懂武术的人。

一两丝能得几时络

络:与“乐”谐音。一两丝能有多长。比喻贪图眼前的安逸是会长久的。

一木不成林,一花不成春

一棵树木不是森林,一花独放不叫春天。比喻个人力量小,难以成气候。

一年大,二年小

比喻有时像大人的样子懂规矩,有时跟小孩子一样淘气不懂事。

一年受灾，三年难缓

比喻一旦遭受了灾害，三年也变不过来。

一娘生九子，九子连娘十条心

指人心互不相同，各有各的思想。

一娘生九种

比喻同一祖宗的子孙后代，个性格脾气各不一样。

一窍通时万窍通

指一个关键性的问题弄懂了，其他的就明白了。

一窍通，百窍通

比喻只要掌握了一事物的要点，与它有关系的事物的要领都能掌握。

一去不复返

比喻人或物消灭后永远不能再出现。

一犬吠形，百犬吠声

一条狗叫起来，其他的狗也跟着叫。比喻为首的带了头，众人便会跟着盲目干。

一群狐子不嫌臊

比喻臭味相同。

一人摆渡，众人过河

一个人驾船撑渡，使两岸众人都能过去。比喻一个人出力，解决了所有人的难处。

一人不过二人智

比喻两个人的智慧比一个人强好多。

一人吃斋，十人念佛

指一个人吃斋信佛，就会带动许多人吃斋信佛。比喻一个人做某件事，会带动很多人跟着去干。也比喻一个人的行为对周围的人都会产生吸引力。

一人传虚，万人传实

原本没有的事经多人传说就变为真有其事了。比喻以讹传讹，人言可畏。

一人得道，鸡犬升天

传说汉朝淮南王刘安修道成仙后，全家连鸡狗也都上天成了仙。1. 比喻一人成名，全家跟着捞好处。2. 比喻一人得势，沾亲带故的人也就跟着发财。

一人奋死，可以对十

一个人拼死战斗，可以应付十个人。比喻斗志高昂寡可敌众。

一人计短，众人计长

一人出的意见难免有缺陷，众人合计出的意见比较全面。

一人立志，万夫莫夺

一个人确立了志向，再多的人也不可动摇他。比喻决心非常大。

一人难合百人意

指一个人所做的事情很难使大家都赞成。

一人气力担一担，众人力量搬倒山

指一个人的力量微不足道，众人合起来就能排山倒海。

一人善射，百夫决拾

指一个人善于射箭，上百人也会跟他拉开弓弦。比喻将领英勇善战，士兵也就不顾一切奋死拼搏。

一人向隅，满座不乐

隅：角落。众人作乐时，有一人在旁情绪悲观，致使在座者都感没有兴味。

一人有福，带挈一屋

比喻一人有福气，使周围的人都有光彩。

一日不见，如隔三秋

秋：借指一年。一天不见面，就像相隔了三年似的。比喻别后非常思念。

一日不作，一日不食

比喻一天不劳动，就一天不吃饭。

一善足以消百恶

比喻以善心待人可以消除对方的许多邪念。

一石激起千层浪

比喻某一件事所产生的强烈效果。

一事差，百事错

指一件事出了错误，其他与之相关的好事也出现错误。

一事精，百事精；一无成，百无成

指一件事精通，别的事都可精通；一件事办不成，别的事也都办不成。

一事真，百事真

指一件事是真实的，别的事也会是真实的。

一是误，二是故

比喻犯同样的毛病，第一次可能是大意，第二次就可能是成心的。

一是一，二是二

比喻说话实实在在，毫不夸张。

一手穿针，一手捻线

比喻一人承担了全部的家务。

一手托两家

一个人承担两家的事情。比喻替双方解决问题。

一树之果，有酸有甜；一母之子，有愚有贤

比喻同胞兄弟中有好的、有坏的，如同一棵树上的果子有苦的、有甜的一样。

一死一生，乃知交情；一贫一富，乃知交态；一贵一贱，交情乃见

指人到生死关头或贫富贵贱发生巨大变化的时候，才能看得出交情的真假、厚薄。

一损俱损，一荣俱荣

指一人或一家受到损害，家庭全都跟着遭祸；一人或一家得到荣耀，家庭全都得到幸福。

一条鱼满锅腥

比喻因一人行为恶劣而影响了整个团队的名誉。

一头放火,一头放水

比喻玩弄两面派手法。

一物降一物

指世上有一种事物,就会有另一种事物来制服它。

一物降一物,卤水点豆腐

降:降伏,制伏。比喻世界上的事物是相互制约的,就像卤水点豆腐那样,一物兴起总有另一物来制服它。

一言已定,千金不移

指一句话说出便不改变,任凭什么也不能更改。也指说话要算数。

一样米养百样人

指人同样吃饭,但品行却各不一样。比喻在同样的生活条件下长成的人,其个性各有不同。

一窑烧得几百砖,一娘养的不一般

指同窑的砖都一模一样,一娘生的儿子却各不相同。

一叶障目,不见泰山

泰山:位于山东泰安,称为东岳,我国名山之一。指用一叶遮住眼睛,即使是泰山在眼前也看不到。比喻小的遮掩也会使人丧失智慧。

一夜不睡,十夜不足

一个夜晚不睡觉,好几夜晚都弥补不过来。

一招鲜,吃遍天

指在艺术方面有一手绝招,走到哪里都行得通。也指每个行业要想有发展,就必须开拓新路。

一只鼓不能敲两家戏

比喻一个人不能同时干两件事情。

一只碗不响,两只碗叮当

一只碗不会发出响声,两只碗碰撞才会叮当作响。比喻一个人打不成架,两个人才会争吵起来。

一只眼开,一只眼闭

指一只眼睁着,一只眼闭着,假装没看见。比喻粗心不认真。

一种米养出千样人

指人都是吃米饭长大的,但观点、个性、行为、面目、遭遇却都不一样。

一爪落网,全身被缚

比喻一小部分受限制会牵扯全局的被动。

一子出家,九祖升天

九祖:整个家族的祖辈。指一个人功成名就,全家族人因此高升。

衣不大寸，鞋不争丝

丝：很小的长度单位。指衣服的大小误差不能过寸；鞋子的大小误差不能过丝。

以书为御者，不尽于马之情；以古制今者，不达于事之变

御：驾驭。指用书本理论驾驭马，不能发挥马的长处；用古代法规裁断现状，很难对付事态的变化。也指做事要切合实际。

义动君子，利动小人

指君子注重仁义之事，小人接受利欲的诱惑。比喻正义的事会感召君子，利欲的事会诱惑小人。

易长易退山溪水，易反易复小人心

指劣迹低下的小人往往是反复无常，变化无端的。

因祸得福，只在人为

指要把坏事变成好事，完全在于人的奋斗。

英雄离不开美人

旧社会认为英雄和美人，是天地间阴阳元气的完美结合。

樱桃好吃树难栽

指樱桃吃起来酸甜味美，但从栽树到长成结果却需用好多年。比喻享受容易，创业艰难。

鹰饱不拿兔，兔饱不出窝

指鹰吃饱了不抓兔子，兔子吃饱了不出窝。比喻某些人一旦生活富裕后，就不再努力工作，不再创造更多的财富。

油壶卢不惹醋壶卢

壶卢：且口葫芦。常作盛器用。比喻互不相犯。

有爱孙猴，就有爱猪八戒的

孙猴、猪八戒：《西游记》中两个人物形象。指有人爱孙猴，也有人爱的是猪八戒。泛指人们的爱好不一样。

有风方起浪，无潮水自平

比喻事情的发生，都有它的缘由，绝不会是没有原因的。

有根才开花，有蔓才结瓜

比喻凡事必须先有根本，然后才可变化发展。

有骨头不愁肉

指人体只要有骨头在，便不愁长不出肉来。也比喻保护好骨干力量，不怕得不到发展壮大。

有计不在年高，无计办事难成

指要办成事必须有谋略，谋略的高低不在于年龄的高低。

有其主必有其仆

指有什么样的主人，就有什么样的仆人。

有千年产，没千年主

指产业固定不变，但业主却经常在替换。比喻产业的存在是亘古不变的，但拥有者则会经常变换。

有生必有死

指生和死相连，有生就必定有死。

有什么权力施什么威

指权力有局限，只能在一定范畴内发挥作用。

鱼肉青菜，各人所爱

指每人的所好不一样，不能强求。

玉波去四点，依旧是王皮

指“玉”字去一点是“王”字，“波”字去三点是“皮”字。也指只在表面上做手脚，改变不了本质。

Z

在人矮檐下，怎敢不低头

在矮小的屋檐下，只能低着头走路。比喻在别人的管辖之下，不得不服从。

在什么山，唱什么歌

比喻做事应当根据实际情况作适当处理。

早晨栽下树，到晚要乘凉

比喻想尽快得到好处。

早一句，晚一句

比喻从早到晚说个不停。

早知灯是火，饭熟已多时

比喻早知道是这样，事情早已办妥了。

早知今日，何必当初

指早知道今天的结果，当初就不该那样做。比喻追悔莫及。

早知今日，悔不当初

指能早预知到有今天的后果，当初就不会那样做了。

贼人有妙计

指贼人有做贼的谋算。也指坏人有其特别的诡计。

债各有主，冤各有头

比喻债务与冤仇都各有其主的，和局外人关联不上。

占着茅坑不拉屎

比喻占了职位却不好好工作。

战马拴在槽头上要掉膘，刀枪放在仓库里会生锈

比喻生活安逸懒散会消沉人的意志。

张公吃酒李公醉

姓张的喝酒，姓李的却醉倒。比喻替别人吃官司。

张口是祸，闭嘴是福

比喻祸从口出，说话要小心。

张三有钱不会使,李四会使却无钱

比喻有钱的人不会花钱,会花钱的人却没有钱。

张天师被鬼迷

张天师:传说中能制服鬼的道士。比喻聪明能干的人被人哄弄。

掌舵的心不慌,乘船的才稳当

指在大风浪中,掌船的人不慌乱,乘船的人就不会紧张。比喻遇事领导沉稳,群众的情绪才能安定。

这山望见那山高

指站在这座山上,总觉得到别的山比这座高。比喻总不满足已经拥有的,盼望获得更多的东西。

针尖大的窟窿,斗大的风

比喻问题虽小,但造成的后果巨大。

针尖对麦芒

比喻针锋相对,各不相让。

真的假不了,假的真不了

比喻真假不能混淆。

真理越辩越明

指真理不怕辩论,越辩论越清楚。

真理越辩越明,道理越讲越清

比喻真理越辩论就越清楚,道理越讲就越明白。

真人不露相,露相不真人

真人:道教所说修行得道的人。比喻有能力的人不轻易显露自己。

争得猫儿丢了牛

比喻因小失大。

睁一眼闭一眼

比喻遇事忍让,装作不知,得过且过,以免矛盾。

睁着眼做,合着眼受

比喻自作自受,心甘情愿。

整篓洒油,满地捡芝麻

篓:一种用竹子等编的盛东西的器具。比喻做事不分轻重,抓了小的,丢了大的。

正锅配好灶,歪锅配蹩灶

蹩:质量不好的。比喻好的和好的配合,有缺陷的和有缺陷的相配。多指夫妻。

正气能驱魅,无私可服神

指光明正大可以驱赶妖魔鬼怪,大公无私可以使神灵心服。

知错改错不算错

比喻犯了错误后,能及时改正,则所犯的错误就算不得什么。

知己知彼,百战百胜

比喻在作战或做某些事情时,既知道自己又明白对方,就能够战胜对方。

脂粉虽多，丑面不加；膏泽虽光，不可润草

指脂粉涂得再多，丑脸也变不成俊美；膏油虽然极光，也不能使枯草发出光彩。比喻再巧妙的掩盖也无法使邪恶变成善美。

止寒莫若重裘，止谤莫若自修

重裘：厚暖的皮衣。比喻如同御寒要穿上厚暖的皮衣一样，要防止他人背后议论，最好的办法是追求自身完善。

只开弓不放箭

比喻虚张声势。

只手难遮天下目

比喻妄想欺瞒众人是不可能的事。

只说獐过鹿过，可不说麂过

麂：小型的鹿类动物，谐音"己"。比喻只说别人的短处，而不说自己的毛病。

只听楼梯响，不见人下来

比喻只有语言，不见行动。

只要货比货，不怕不识货

指用同样的货物相比较，自然分辨出好弱。也指用对比法就能识别人才。

只要青山在，不怕没柴烧

比喻处境虽然险恶，但只要保存根本的力量，往后仍可发展壮大。

纸里包不住火

比喻隐瞒不住事实的真相。

指冬瓜骂葫芦

比喻指桑骂槐。

指着和尚骂秃子

比喻表面上骂这个人，实际是骂另一个人。

治一经，损一经

经：指中医的经络。治了这条经脉，伤了那条经脉。比喻照顾了一方面，又伤害影响了另一方面。

智如禹汤，不如更尝

禹：夏代第一个君主。汤：商代第一个君主。更尝：亲身反复实践。指即使有禹、汤那样的才能，不亲自体会，也不能了解事物发展的规律。

钟不敲不响，理不讲不明

比喻就像钟不敲不响一样，不把道理讲清楚，对方就不会知道。

钟在寺里，声在外边

比喻事情或人的名声，总免不了要宣扬出去。

煮熟的鸭子又飞了

比喻有把握到手的东西竟又失去了。

砖儿何厚，瓦儿何薄

比喻厚此薄彼，不一视同仁。

妆未梳成不见客，不到火候不揭锅

比喻时机不到不采取行动或不发表见解。

捉鸡儿，骂狗儿

比喻表面上骂这个人，实际上骂另一个人。

捉住菩萨，不怕金刚不服

比喻捉住了为首的，属下自然顺从。

浊富莫如清贫

浊：浑浊。比喻富得卑鄙丑恶不如穷得清白高尚。

字经三写，乌焉成马

指文字多次转抄，必定发生错误；转抄越多，发生的错误就会越多。

自古薰莸原异器，从来冰炭不同炉

薰：香草。莸：臭草。指香草与臭草原不能放在同一器物之中，冰块与火炭不可放在同一个炉子里。比喻对立的双方不能友好相处。

走千里路，问千里话

指各处风俗不同，人情也不一样，走到哪里，就要问到哪里，学到哪里。

左眼跳财，右眼跳祸

旧社会认为眼皮跳有兆头：左眼跳时，预示财源来到；右眼跳时，预示灾祸来临。

坐经拜道，各有一好

坐经拜道：指学佛与学道。好：喜好。比喻各人的爱好不一样。

嘴是扁的，舌头是软的

比喻好坏都是人讲的。

嘴甜心苦，两面三刀

比喻表面说得好听，实际上心肠毒辣，当面一套，背后一套。

嘴硬骨头酥

酥：酥软。比喻人嘴上很强硬，内心却极为胆怯。

昨夜灯花爆，今朝喜鹊噪

噪：叫。旧社会认为灯花爆与喜鹊叫都是吉兆。比喻喜事连连。

左手不托右手

比喻过分小心，除自己之外，谁也不相信。

左手画方，右手画圆

指用左手画方形，用右手画圆形。比喻一心两用，不能办成事。

左右没是处，来往做人难

左也不是，右也不是；来也难，去也难。比喻左右为难。

作好千日不足，作坏一朝有余

指做好事时间再长也嫌不够，做坏事时间再短也嫌多。指只能做好事，决不干坏事。

作啥吃啥，卖啥吆喝啥

指从事哪一行，就得干哪一行的工作，依靠哪一行生存。

作善降之百祥,作不善降之百殃

指做善事老天爷就会降给他许多吉祥;作恶事老天爷就会降给他许多灾难。指善有善报,恶有恶报。

作者不居,居者不作

比喻造房屋的人住不上,住上的人都不是盖房屋的。

卷十　精神　心态　感情

A

哀莫大于心死

心死即指意志极度消沉,万念俱灰。说明人最可悲哀的事,莫过于丧失斗志。

爱戴高帽子

指喜欢阿谀奉承。

爱情不是强扭的,幸福不是天赐的

说明只有双方心心相印,彼此真心相爱才会得到真正的爱情;美满的生活要靠自己去营造。

爱情要像高山松,莫学昙花一现红

昙花一现:昙花开放后很快就凋谢了。意谓人或事出现不久就消失了。劝诫人们要珍惜情感。

爱之深,妒之切

指男女之间的感情越深,就越容易产生强烈的嫉妒心理。

B

八十有娘还是孩

指人不管年纪多大了,在母亲眼里永远是孩子。

白头如新,倾盖如故

比喻有的人认识多年仍像新朋友一样,但有的人初次见面却像老朋友一样。

百岁老公公,难忘父母恩

哪怕是一百岁的老公公,也不能忘记父母的养育之恩。

板斧能砍千年树,快刀难砍有情丝

板斧:刃平而宽的大斧子。说明缠绵的情意很难割断。

包办的婚姻不美满,强扭的瓜儿不香甜

包办:不和有关的人商量,独自做主办理。说明包办或勉强的婚姻是不幸福的。

饱人不知饿人饥

意谓生活舒适或得到了某种满足的人,不理解处于艰难处境中的人痛苦。

悲莫大于无声

指最让人伤心的是有话不说,闷在心里。

悲伤忧愁，不如握紧拳头

茫然地悲伤和忧愁，还不如挺直腰板奋斗。

便重不便轻

指使惯了重的，就不习惯用轻的。也指适宜做重大的事情而不适宜承担小事。意谓习惯不容易改变。

不对仇人哭，泪向亲人流

指心里的痛苦和冤屈不对自己的仇人讲，要对自己的亲人诉说。

不见棺材不落泪

形容固执己见，不到彻底失败或最后一败涂地的时候，决不能罢休或不肯认输。

不见可欲，使心不乱

指看不见自己所希望得到的东西，就不会感到心烦意乱。

不可一日无此君

意思是一天也不能离开它。用指对某个人爱好或需要的感情。

不怕肚不饱，只怕气不平

指受欺凌要比忍饥挨饿更加痛苦，难以忍受。

不是骨肉不连心

骨肉即指亲人。通常指子女等后代。说明不是自己的亲生骨肉就不会心疼。

不是冤家不聚头

冤家：仇人、或给自己带来苦恼而又舍不得离开的情人。古代观点认为前世结成的冤家总会聚在一起。

C

才子佳人，一双两好

比喻有才智的男子与相貌美丽的女子相配，非常合适。

恻隐之心，人皆有之

指同情别人痛苦的心情，人人都有。

茶越泡越浓，人情越交越厚

茶泡得时间越长味道越浓，人交往得时间越长友情越深厚。说明朋友越老情谊越深。

肠里出来肠里热

比喻自己亲生的孩子只有自己疼爱。

秤不离砣，公不离婆

指老夫老妻相依为命，就像秤和砣一样不能分离。意指关系密切，不可分离。

吃了秤砣铁了心

形容下定了决心，不再改变。

赤金难买赤子心

赤金：纯金。赤子：初生的婴儿。比喻纯真的感情，即使是黄金也买不到。

愁人苦夜长

苦：感到痛苦。指忧愁的人在夜深人静时更加痛苦，感到黑夜漫长十分难熬。

愁最伤人，忧易致疾

指忧愁对人的精神伤害最大，容易引发疾病。

丑是家中宝，可喜惹烦恼

可喜指美丽。指妇女相貌丑陋，不会招惹麻烦；相貌出众，易招风惹祸。

丑媳妇怕见公婆

意谓因做了亏心事而怕见人。也通常说明做错了事，难以见人，但又不能长期躲起来不见。

处贫贱易，耐富贵难；安劳苦易，安闲散难；忍痛易，忍痒难

指世人处在贫贱、劳苦时还可忍受痛苦，保持节操；一旦富贵、安闲，便容易图享受，难以保持节操。

穿衣戴帽，各人所好

指每个人都有自己的爱好。比喻在生活上的事不能强求千篇一律。

船头怕鬼，船尾怕贼

意谓人畏首畏尾，过分胆小怕事。

棰楚之下，何求不得

棰：鞭棰。楚：痛苦。指严刑拷打之下，什么样的口供都能得到。

春寒冻死老牛

指春寒非常寒冷，如果疏忽大意，很容易会冻坏牲畜，不但给经济造成损失，还会给春耕带来麻烦。也指冬季虽然过去了，但还要注意防寒保暖。

此地无银三百两

古代民间故事说：有人将三百两银子埋在地下，怕人偷去，故在那儿竖一木牌，上书“此地无银三百两”。比喻企图掩盖，但因手法拙劣反而暴露。

聪明人上当就一回

指聪明人善于吸取教训，不至于再次上当受骗。

D

打了牙往自己肚里咽

意谓吃了苦头不愿和别人说。

打了一辈子雁，被雁啄瞎了眼睛

说明人要时刻提高警惕，防止因麻痹大意发生意外，遭受不测。

打是疼，骂是爱

指态度严厉而实质是出于疼爱。比喻长辈对晚辈的严厉是疼爱，是为了晚辈有长进。有时用于夫妻嬉闹。

打死会拳的，淹死会水的

意谓有本领的人往往由于疏忽大意而出现不测。

大江大浪见过多少，河沟子里边最易翻船

指有经验、有阅历，本领高强的人，往往会因一时麻痹大意遭到失败。

大眼望小眼

指人茫然不知所措的样子。

大意失荆州

荆州：古“九州”之一，在荆山、衡山之间，三国时蜀国政治、军事重镇。泛指疏忽大意，会造成重大损失。

大者不伏小

意思是辈分或地位高的人不愿向辈分或地位比自己低的人认错服输。

担水向河里卖

形容在行家面前卖弄自己。

淡淡长流水，酽酽不到头

酽：浓烈。指人际交往平平淡淡才能相处长久，过于亲密反而短暂。

得病想亲人

意指人处在病痛中最想念自己的亲人。

得宽心处且宽心

应该放宽心的地方就要放宽心。说明要尽可能地消除烦恼忧愁，使心情放松。

得意不可再往

说明称心如意的事不可接连去做。

得意夫妻欣永守，负心朋友怕重逢

负心：背信弃义。相爱的夫妻以终生相伴为幸福，背弃情意的朋友担心的却是再次相见。

得意时车辆盈门，失意时门庭冷落

形容人情趋炎附势，有权利时都来奉承，落魄时谁都不会来。

得意走官场，失意写文章

古时说明文人意气风发，是在官场飞黄腾达的时候；失意落魄之下，往往写文章以寄托情怀。

等闲不管人家事，也无烦恼也无愁

旧时观点认为对与己无关的事一概不管，就会免去种种愁烦。说明不多管闲事可一身轻松。

东山看着西山高，真到西山，西山还达不到东山的腰

意指不肯踏实苦干，见异思迁，到头只会落得失望和后悔。

豆腐嘴，刀子心

说明人心狠，嘴上却很甜。

对待失意人，别说得意事

指在遇到困难的人面前，不要讲得意高兴的事情，以免引人伤情，遭人嫌恶。

E

恩爱夫妻不到头

古时观念认为感情很好的夫妻往往难以白头到老。

恩人相见，分外眼明；仇人相见，分外眼睁

指见了恩人会分外高兴，见了仇人会格外愤怒。

儿女是娘身上的肉

指母亲非常疼爱自己的子女。也指母子连心。

儿行千里母担忧

儿女出门远行，母亲总是牵挂在心。指母亲最担忧儿女的安全。

耳不听，心不烦

说明不听说令人不愉快的事，就可避免烦恼。意谓耳朵听不见，心里就不会烦躁。

F

烦恼不寻人，人自寻烦恼

意指烦恼都是人自己找来的。说明烦恼不会主动来找人，是人不会排忧解难，不会解脱自己而已。

烦恼皆因强出头

指烦恼都是因为爱出风头、多管闲事所致。

饭好吃，气难咽

说明受人欺负是难以忍受的。

福过灾生，乐极悲至

指幸福享受完了就会发生灾祸，欢乐到了极点悲伤就会到来。也通常说明狂欢之后往往出现败兴的事。

父不忧心因子孝，家无烦恼为妻贤

说明儿女孝顺，父母就没有可顾虑的；妻子贤惠，一家人就会融洽相处。

父强子不弱，将门出虎子

意思是父辈出类拔萃的，儿女自然就不会是平庸之辈。

父债子还

指父亲欠下的债儿子有义务偿还。

父子无隔宿之仇

说明父子间的矛盾很快就能消除。

富汉子不知穷汉子饥

指处境优越的人体会不到处在困境中的人的难处。

缚虎休宽

指捆绑老虎不能宽松。比喻对付本领高强的人不可疏忽大意，要严加防范。

G

隔山隔水不隔亲

说明相距再远也割不断亲戚关系。

狗不嫌家穷，人不嫌地薄

地薄：土地不肥沃。狗不嫌自己的家境贫困，人不会嫌弃故乡的土地贫瘠。意指人总是留恋自己的故土。

姑表亲，舅表亲，打断骨头连着筋

姑表、舅表：指一家的父亲和另一家的母亲是兄妹或姐弟的亲戚关系。指姑舅亲情深厚，世代绵延不断。

古今一个理，兄妹手足情

说明兄妹感情深厚，从古到今都是一样的。

顾三不顾四

指照顾到这里就会疏忽那里。

顾头不顾尾

只顾着脑袋不顾尾巴。形容只顾眼前，不顾今后，缺乏长远规划。

瓜田不纳履，李下不整冠

纳履：提鞋。整冠：戴正帽子。指在瓜田中不提鞋，在李树下不整理帽子，以避免产生摘瓜采李的嫌疑。比喻在容易引起是非的地方，要特别注意自己的言行，防止产生误会。

寡妇寡妇，满脸孤苦

指寡妇精神不好，生活压力大，容易衰老。

乖的也是疼，呆的也是疼

说明做父母的都疼爱自己的孩子，不管子女是聪明还是笨拙。

H

好船者必溺，好战者必亡

说明喜爱划船的人最终会麻痹大意溺水而死，好作战的人终有不慎时伤亡。也指沉溺于某事，不免会因此丧生。

好汉流血不流泪

指勇敢坚强的人可以流血，但泪不能轻易流。比喻坚强勇敢的人不怕在战场上流血牺牲，但决不轻易流眼泪。

好汉眼泪往心窝里掉

指意志坚定的人，痛苦、委屈埋在心里，不肯向外人诉说。

好女也怕缠

指女子常常会因为求婚者的软磨硬泡而答应婚事。

好死不如恶活

指活着再痛苦也比死了强。意指生命非常可贵。

河里淹死会水的

意谓在某方面精通的，往往会自恃精通而大意出错。

河深海深，最深莫过父母恩

指父母的养育之恩最深厚，要终生报答。

虎毒不食子

比喻再狠毒的人也不会伤害自己的孩子。

虎口里探头儿

比喻不顾生死地去冒险。

画龙画虎难画骨,知人知面不知心

指画龙和虎的外形并不难,要画出龙和虎的内在气质却很难,形容看一个人能看到他的表面,却很难看到他的内心。

欢喜鸡婆打烂蛋

鸡婆:孵蛋的母鸡。指鸡婆高兴了,会把蛋打烂。说明人若因一时胜利而冲昏头脑,就会把事情弄糟。

欢娱嫌夜短,寂寞恨更长

欢娱时,嫌夜太短;孤寂时,恨更太长。意谓人心情不同,对时间快慢的感受也不同。

黄梅不落青梅落,老天偏害没儿人

长成的梅子没落而未熟的梅子却从树上摔落下来。比喻年少的死在年老的之前。

火头子上走险,气头子上寻短

说明人极度愤怒的时候,就会不顾一切地冒险;人在极度生气时,甚至会自杀。

J

见鞍思马,睹物思人

意指见到离去的人所留之物,便引发了对他的怀念。

见过鬼怕黑

比喻遭过灾祸后仍心惊胆战。

见人只说三分话,不可全吐一片心

指对人说话要有所保留,不可全都照实说出去。古时指与人相交要有戒心,不可太大意。

叫亲了的娘,住亲了的房

指房子住久了,有亲切依恋感。

今朝有酒今朝醉

指今天有酒就非喝醉了不可。比喻要及时享乐,尽情享受,不要去管事态趋势如何变化。这是一种反映消极人生观的谚语。

今朝有酒今朝醉,明日愁来明日愁

指今天有酒,今天就痛饮;明天有什么愁事来了,明天再说。意思是只顾眼前享乐。

惊弓之鸟,夜不投林

指担心弓箭再射它的鸟,夜晚不敢进树林中栖息。也形容受过惊吓的人,往往心有余悸。

九牛拉不转

主意已定,决不回头。多形容人执拗倔强。

久治生乱，乐极生悲

意谓社会长期安定之后，必定会出现混乱；高兴到了极点，悲哀的事就快来了。比喻事物发展到了极端，就必然向相反方向转化。

酒在肚里，事在心头

指酒虽然喝下去了，心事依然存在。

倦鸟知还

意谓长期在外的人想回到家乡。

K

看的破，忍不过

指虽能清楚地认识某事，但情感上难以忍受。

看人挑担不吃力，自己挑担压断脊

形容看内行人做事似乎很轻松，轮到自己去做时却极为艰难。也比喻事情不经过亲自动手去做，就不知道其中的艰难。也告诫人们如果不亲身参加实践就不会得到真知。

客多主人欢

指客人来得越多，经营效益好，店主自然高兴。

空肚子火大

指饿着肚子的人容易发脾气。

L

懒牛懒马屎尿多

原意是懒惰的牛马，故意借拉屎撒尿，拖延时间。形容人偷懒往往要寻找一些借口。

狼多肉少，神仙也苦恼

比喻人多物少，供不应求，事情很难办。

老巢难舍

老巢：鸟的老窝。这里比喻人的老家。指人恋旧，故土难离。

老虎还有打盹时候

意谓再有才智的人，也难免有疏忽大意的时候。

老虎屁股摸不得

意谓自以为是，听不进别人的批评。换句话说，凡是自以为了不起的人，都容不得别人的批评和劝告。

老虎头上拍苍蝇

比喻触犯强横有力之人。也比喻无意中冒犯了有权势的人物。

老怕丧子，少怕丧母

老年人最害怕儿子死亡，小孩子最怕母亲离世。

老嫂比母，小叔比儿

指年长的嫂子和年幼的小叔子之间的关系如同母子般感情密切。

乐不可极，欲不可穷

说明行乐不可超过限度，否则必招灾祸。

乐处光阴易过，愁时岁月难挨

形容在欢乐高兴时，会感到时光过得很快；在忧愁苦闷时，会感到时间很难熬。

乐极生悲，否极泰来

说明凡事都有可能向相反的方向转化。

冷水浇头怀抱冰

比喻心灰意冷，心情坏到了极点。

立儿不觉坐儿饥

指生活富裕的人不能理解处于困苦饥饿当中的人的难处。也通常比喻人不理解别人的心情。

良鸟恋旧林，良臣怀故主

好鸟眷恋旧日栖息的地方，贤良的臣子怀念原来的君主。

临危望救，遇难思亲

指人遇到危难时，总是盼望有人相救；遇到灾难时，常常容易想起亲人。

六神不定，总会得病

指人心神不定，精神恍惚容易得病。

M

马行软地易失蹄，人贪安逸易失志

人贪图安逸享受容易丧失志气，就像马在软地上行走容易摔倒一样。

马遇伯乐嘶鸣，人逢喜事流泪

伯乐：姓孙名阳，以善相马而著名，当时人即以神话中掌管天马的星名伯乐来称呼他。意指人遇上喜庆的事就高兴得流泪，就像马遇到伯乐就嘶鸣起来一样。

卖孩子，哭瞎眼

古时指穷人生活困苦不堪，被迫卖儿，最为伤心。

盲人骑瞎马，夜半临深池

指盲人骑着瞎马，半夜里走近深水池边。比喻在不知情况时冒险，很有可能会陷入十分危险的境地。

猫老吃子，人老惜子

意思指人越到老年越疼爱自己的孩子。

每逢佳节倍思亲

泛指漂泊异乡的人，在过节时就更加思念故乡的亲人。

猛虎尚有打盹之时，骏马也会偶失前蹄

比喻再聪明能干的人也难免有疏忽大意的时候。

梦到神仙梦也甜

意谓美好的事情即便只是想一想,也觉得很甜美。

梦随心生

说明梦是因心中有所思而形成的。

莫替古人担忧

不要替古人担心。比喻不要为与自己无关的人或事担心、焦虑。

N

哪个女子不怀春,哪个男子不钟情

意思是青春年少的男男女女,人人都有对爱情的渴望和追求。

奶水连心

说明一个人吃了谁的奶水,就和谁有了深厚的感情。

南北一家,兄弟一堂

南方人和北方人是一家人,就如同亲兄弟一样。

难得者兄弟,易得者田地

指兄弟之间的友情,比耕地更为重要。

难受莫过于死了娘老子

人生最伤心痛苦的事莫过于失去父母。

娘想儿,流水长;儿想娘,筷子长

指母亲对儿女的想念之情,像流水一样远久深长;而子女对母亲的思念却是很有限的。

宁可爹娘羡儿女,切莫儿女羡爹娘

天下所有的父母都希望儿女比自己有发展。

宁死一咳,不死一该

咳:表示惊讶。指人的一生要多行善事,死时大家都感到悲伤惋惜;不要光做坏事,死时大家都说活该。

宁走十步远,不走一步险

指宁可多费力也不要去冒险。比喻要办成一件事就要下工夫花力气,不可图省事、找捷径。换句话说。宁可绕道多走些安全的远路,也不走危险的近路。

怒从心上起,恶向胆边生

指心里一旦涌起怒气,胆子就大了。

怒中出差错

指人一发怒,容易失去理智,做事往往出错。

女儿心,海底针

说明女孩儿的心事像沉入海底的针一样,令人捉摸不透。

P

爬的高,跌的肿

意谓追求的欲望越多,失败就越惨。也比喻名利的欲念越强烈,失望的痛苦就越重。

朋友之间不言谢

朋友之间的帮忙是正常的,用不着客气。

碰上好事不挑礼

意谓办喜事时不要在礼貌规矩上指责别人,以博得皆大欢喜。

皮里生的皮里热。皮里不生冷似铁

是自己亲生的,自然就关系亲近;不是自己生的,自然就冷漠。

贫贱夫妻恩爱多

贫穷困苦的夫妻患难与共,相互体贴,反比常人更加恩爱。

破除万事无过酒

说明酒可以使人忘掉一切忧愁烦恼,也形容酗酒最能败事。

Q

骑者善堕

指精于骑马的人由于麻痹大意,常常被摔下来。比喻精于某行业的人,也往往在这行中失败。

气是无名火,忍是敌灾星

说明怒气太大容易干出失去理智的事情来,忍让控制可以消除灾祸。

千不如人,万不如人

指什么事情都不及别人做得好。

千朵鲜花一树开

比喻一奶同胞的兄弟姐妹,骨肉相连,感情深厚。

千金难买意相投

指人与人之间的情投意合是最可贵的。

千金易得,知音难求

指人生在世,知音难觅。

千里能相会,必是有缘人

说明相距千里的人能够聚会在一起,一定是有缘分的。

千里相送,归于一别

说明相随送行千里之远,最后还得离别。

千里姻缘一线牵

民间传说中认为月下老人专司人间婚姻,将命中注定成为夫妻的人用红线连起来。指若有缘分,即使路途遥远也能结为夫妻。

千里征途靠骏马,万里难关靠亲人

意谓战胜困难要靠亲人的帮助。

千两黄金容易得,人间知己最难寻

说明知音是很难得到的,比黄金都可贵。

千年不断亲

指时间再久远,也隔不断血脉亲缘关系。

千年的大道成了河，多年的媳妇熬成婆

指千年的大道变成了河道，多年的媳妇熬成了婆婆。意谓人只有经痛苦磨练，才会有出头的时候。

千针难缝人心碎

意谓人的精神痛苦是极难治愈的。

强迫不成买卖，强求不成夫妻

说明买卖和婚姻都不能强求，应出于双方的自愿。

亲帮亲，邻帮邻

指亲戚或邻里间应互相照应帮助。

亲不亲，故乡人；美不美，乡中水

说明人还是故乡的亲，水还是家乡的甜。意指人对故乡都有深厚的感情。

亲不择骨肉，恨不记旧仇

亲戚都不计较是否骨肉相连；是仇恨也不会记住以往的冤仇。比喻人大度豁达。

亲的掰不开，疏的贴不上

说明关系亲近的人是分不开的，关系疏远的人硬拉也拉不近。

亲的是儿，热的是女

说明儿女与父母之间的感情最深。

亲故亲故，十亲九顾

指亲戚故旧之间，彼此之间总会有相互关照的。

情人眼里出西施

西施：春秋时代的美女。意谓男子总认为自己的情人是最美的。

情人眼里容不下一颗沙子

形容情人间容不下影响爱情的因素出现。

情真不言谢

指相互帮助若出于真挚的友情，是不用口头感谢的。

请将不如激将

指用刺激性的或反面的言词鼓动人去做事比正面请求效果更好。比喻派人做事，别人勉强从命；如果用话语激励对方，对方就会态度坚决，主动请缨，容易把事情办好。

请客不到恼煞主

意思是请的客人久等不来，会使主人感到恼怒。

穷家难舍，故土难离

家乡再穷，也舍不得离开。

穷人的孩子早当家

意思是贫苦人家的孩子懂事早，知道操劳家事。

穷人有穷人的难处，富人有富人的悲哀

指人不论贫富，都各有各的烦恼。

穷有穷愁，富有富忧

说明穷人有穷人的难处，富人有富人的忧愁。

囚人梦赦,渴人梦浆

赦:赦免。浆:汁。指囚犯常梦见自己被赦免,口渴的人常梦见水。也指梦中所见,多为内心所期望的。

R

热心肠招揽是非多

心肠好的人喜欢帮助人,却容易给自己带来麻烦或烦恼。

热心闲管是非多,冷眼觑人烦恼少

指人过于热心多管闲事会招惹是非,对别人的事冷眼旁观就会没有烦恼。

人不伤心不落泪

意谓人的内心不感到悲伤时,不会流泪哭泣。

人不中敬

指对有些人不适宜去敬重他们。意思是有些人你越是敬重他们,他们反而把你看轻,不把人放在眼里;要是你不理睬他们,他们反而畏惧你、重视你。

人愁不要喜悦

说明人在忧愁中无心谈论喜悦的事。

人非草木,谁能无情

指人都是有感情的。

人逢喜事精神爽

指人遇到高兴喜庆的事,精神就格外兴奋和振作。

人逢喜事精神爽,闷上心来瞌睡多

人遇到高兴的事,精神就焕发;遇到烦恼忧愁的事,便无精打采。

人逢喜事精神爽,月到中秋分外明

意指人遇到喜事精神特别兴奋,就像月到中秋时分外明亮一样。

人老不算老,心老才算老

意谓人真正的老是心理上的衰老。

人怕饿,地怕荒

指人最害怕的是饥饿,因为饥饿会有损身体健康;而地怕抛荒,因为荒芜便会丛生杂草,颗粒无收。

人怕伤心,树怕剥皮

指人感情受到伤害后,很长时间难以恢复,就如同树被剥掉树皮一样。告诫人要尊重别人的感情,不要做伤害别人内心的事情。

人怕上床,字怕上墙

上床:指人死后尸体停在床板上。指人害怕躺在停放尸体的床板上,写得不好的字最怕挂在墙上。因为字写得不好,如果挂在墙上就会显得更加难看。

人亲骨头香

意谓亲人之间的感情是发自内心的,是最真挚的。

人生唯有别离苦

说明生离死别,是人生最痛苦的事。

人咸踬于垤,莫踬于山

踬:跌倒。垤:小土堆。指人经常不小心被小土堆绊倒,可谁也不会被大山绊倒。也指人的失误常常是由于麻痹大意。

人想人,愁煞人

从内心深处想念一个人是最痛苦的事。

人有三尺长,天下没落藏

指没有藏身之所,难免被人发现。

人在难中好救人

难:灾难。好:爱好,乐意。指处于灾难之中的人,最能体会到灾难带给人的痛苦,因而也最乐于救助别的落难者。

肉多餍肥

指肉吃多了,对肥肉就腻了。意谓东西多了,便不知道爱惜。

肉麻当有趣

形容把轻佻或虚伪的言行当做有趣味。

若欲不忙,浅水深防;若欲无伤,小怪大禳

禳:用祈祷来消除灾祸。意思是要想不慌张,浅水当深水来防范;要想无损伤,小怪异当大怪异来化解。也通常说明做事宁可谨慎预防,也不能疏忽大意。

S

三斧头劈不开

用来比喻人思想顽固或性格倔强。

三尸暴跳,七窍生烟

三尸:道家认为在人的身上有三个作祟的神。七窍:指人的耳、目、口、鼻七孔。形容人非常气愤的样子。

三十三天离恨天最高,四百四病相思病最苦

三十三天:古代传说中认为天有三十三重。三十三重天中,离恨天最高;四百四十种病中,相思病最为痛苦。指相思和离愁最令人难以忍受。

色胆大如天

指好色人的胆子比天还大。形容贪图女色可以使人变得胆大妄为,不顾一切。

杀人之心不可有,防人之心不可无

意指为人处世不能害人,也不能疏忽大意,毫无防备。

上阵亲兄弟,打仗父子兵

指在战场上,只有骨肉相连的父子兄弟,才能同心协力,出生入死。说明兄弟、父子感情深厚。

少女的心,秋天的云

意指少女的心事如同秋云一样很难猜测。有时也指少女的心像秋云一样纯洁明朗。

蛇咬一口，见了黄鳝都怕

指人受过一次伤害，常常心有余悸，对相同的事多了防备之心。

蛇钻窟窿蛇知道

指蛇自己钻的洞自己知道。形容自己干的坏事，自己心里有数。

神仙也有打盹时

形容任何人都有疏忽大意、失算失策的时候。

生不能养，死不能葬

意思是对父母没有尽到应尽的赡养和安葬的责任。

生儿方知父母恩

说明只有当自己体验过生儿育女的辛苦之后，才能懂得父母对自己的恩情。

生则同衾，死则同穴

衾指被子。活着同盖一条被子，死后合葬在一座坟墓里。形容夫妻之间感情至深。

盛喜中不许人物，盛怒中不答人简

简：书信。喜悦高兴的时候不要允诺给别人东西，愤怒的时候不要给人写信。指人在情绪波动的时候，言行会有所偏颇。

狮子老虎也护犊

像狮子和老虎这样凶猛的动物也知道爱护自己的幼崽。说明人都会疼爱自己的子女。

十步九回头

形容犹豫不断，徘徊不前。也比喻非常留恋，有些不舍得。

十指连心

意指十指中无论伤着哪一个，都会疼痛刺心。比喻父母对每个孩子都很疼爱。

世间苦事莫若哭，无言之哭最为苦

意思是说不出话、流不出泪的悲伤最痛苦。

世上莫过手足情，打断骨头连着筋

手足情：同胞兄弟姐妹之间的情义。指兄弟姐妹之间的情义最深厚，任何力量也无法割断。

世上难得事，子孝与妻贤

说明人世间最可贵的就是子女孝顺、妻子贤惠。

世上知心能有几

说明知心朋友非常难得。

事不关心，关心则乱

指凡事不要放在心上，一放在心上难免会心烦意乱。

事要前思免后悔

指事前作好详细筹划，事后就不会因失误而后悔。

事有一利，必有一弊

一件事情，出现有利的一面，也就必然有不利的一面。也说明任何事物都是相对的，不存在绝对的利，也不存在绝对的害。

是非终有日，不听自然无

是非是造成烦恼的根源，如若不听不理，就是对付是非的最好方法。

是灰比土热，是盐比酱咸

形容亲人之间，总比一般人的感情密切。

是亲三分向

向：偏袒。只要沾亲带故，总会相互照顾。

是一亲，担一心

凡是对沾亲带故的人，都会有所挂念。

手掌手背都是肉

说明父母对待子女，不管亲生的还是收养的，都要一视同仁，平等相待。

树高千丈，落叶归根

通常说明人不能忘本。多指飘泊异乡的人，终究会回到故土。

树怕伤了根，人怕伤了心

指树伤了根就很难存活，人伤了心就很难恢复。

树叶子掉下来都怕打了头

说明胆子特别小。

谁养的孩子谁操心

意思是父母对自己的儿女十分操心。也形容一个人对自己开创的事业会格外爱惜。

说不出的，才是真苦；挠不着的，才是真痒

有苦无法诉说才是最痛苦的，就像有痒无法抓挠才最难忍受一样。说明埋在内心深处的愁苦最让人难受。

死寡易守，活寡难熬

死寡：夫死后妻守寡。活寡：丈夫久别不归，爱人独守空房。指妻子与丈夫，生离比死别更折磨人。

四海之内皆兄弟

四海：普天下，古人认为中国四面环海。普天下的人都亲如兄弟。

T

他乡遇故知

人生四大幸事之一，指在外乡碰见老朋友是一件非常高兴的事。

天下尽多意外事，天师亦有鬼迷时

天师：张天师，即张道陵，东汉人，传说中的道教始祖，能用法术制伏鬼邪。多用来劝诫人不可疏忽大意，须防范意外。

甜极变苦，乐极生悲

意思是甜得过了头，就会变成苦；欢乐到了极顶，就会产生悲伤。比喻事物发展到极度时，就会向相反的方向转化。

甜馍馍冷吃也甜，知心人恼了也好

形容真正的知己，即使有不愉快的事情发生，也不会动摇亲密的感情。

甜言美语三冬暖。恶语伤人六月寒

三冬：冬季最冷的时节。指甜美的语言，即使在冬天也会让人感觉到温暖；伤人的恶语，即使在大热天也会让人心寒。

推倒了油瓶儿不扶

比喻故意做了坏事，还装作若无其事。

W

外乡酒，不如故乡水

说明外乡的酒再好，也不如故乡的水甜。形容家乡的人相互了解，事情好办。

万金易抛，旧土难舍

万金的钱财可以抛弃，而家乡旧地却是难舍难离。比喻人总是留恋故乡。

为善最乐

指做好事或慈善活动是最让人快乐的。

闻道百以为莫己若

意思是人掌握比较多的道理以后，就以为没有人能赶得上自己了。

我亲不用媒和证，暗把同心带结成

意指男女自由相爱，不需要别人帮忙。

无儿女也贵

指如果没有儿子，女儿就显得金贵。

无面目见江东父老

江东：原指苏南和浙北一带地方。江东父老：指家乡的父老。指因无所成就而感到羞愧或事情不但没有成功，还有亏于家乡，所以没有颜面回去见故乡人。

无情未必真豪杰

指感情冷淡的人，不是真正的英雄好汉。说明真正的英雄豪杰是有感情的。

无丧不掉泪，无仇难开刀

指没有伤心事不会掉泪，没有冤仇不会动刀伤人。比喻喜怒哀乐都是出于真情。

无事而戚，谓之不祥

戚：悲伤。指没有缘由地悲伤哭泣，是灾祸来临的预兆。

无子媳妇喜他儿

说明已婚妇女如果没有孩子，就往往喜爱别人的孩子。

X

喜酒、闷茶、生气烟

指人在心情好时，爱喝酒；烦闷时爱喝茶；恼怒时多爱抽烟。

喜时多失言，怒时多失理

指高兴的时候容易说错话，生气的时候容易失去理智。

系狱之囚，日胜三秋

意思是人在痛苦时，总觉得时间过得非常慢。

香不过的猪肉，亲不过的娘舅

意思是食物中数猪肉最香，亲戚中数娘舅最亲。

小别胜新婚

指夫妻短暂的离别后感情更加浓烈。

小脚一双，眼泪一缸

意思是古代时候女子缠小脚很痛苦，要哭干眼泪。

小心天下去得，大胆寸步难行

比喻办事谨慎会处处顺利，粗心大意往往会出错。

笑多了没喜

指笑声多，不一定真有喜事。

心安茅屋稳

指内心宁静，居住在茅屋里也感到安稳满足。也指无求于人，自足于己，心里安泰，即使在物质条件较差的环境里也能生活得很快乐。形容安贫乐道的闲适心情。

心沉坠死人

意思是人的心情沉重，压力过大，会影响健康，甚至危及生命。

心慌吃不得热粥，骑马不看“三国”

形容心慌意乱无法把事情办好，三心二意也不可能把事情办好。

心去意难留

指人想走，如果下定了决心，硬留是留不住的。

新婚不如久别

指夫妻久离远别，乍一见，感情比新婚还要浓烈。

性命关天

指人的生命是第一位的，不可轻视。

牙舌两不动，安身处处牢

意谓说话慎重，就不会惹出祸端，招来麻烦。

淹死会水的，打死犟嘴的

会游泳的人，常因疏忽大意被淹死；不会来事的人，往往因为要强而吃亏。

言为心之苗

说明言为心声，话是思想的表达。

眼不见，嘴不馋；耳不听，心不烦

指没有看见美味佳肴就不馋；没有听见令人心烦的事，就自然没有烦恼。

眼为心苗，苗伤动根

指眼睛是心灵的表现，眼睛受到伤害，人在心理上就会受到沉重的打击。

雁飞千里也恋亲

形容人虽然远离家乡，但内心还是依恋着家乡的亲人。

燕飞千里总归窝

不管燕子飞行多远，最终还是要回到燕窝里。形容人不管走出去多远，最终还是要回到故乡的。

野花不种年年有，烦恼无根日日生

让人烦恼的事总是一件接一件出现，好比野花一样年年都会自己生长出来。

叶落归根，人老还乡

说明人老了都要回到自己的故乡，就像树叶终究要落到地面一样。

一尺不如三寸近

指一尺没有三寸的距离近。形容外人总比不上有亲属关系的人关系密切。

一贵一贱，交情乃见；一死一生，乃见交情

在变幻莫测、生死关头等紧要时刻，最能看出交情的深浅。

一家人，心连心，打断骨头连着筋

一家亲人骨肉心连心，感情最深，任何情况下都不会使他们断绝关系。

一畦萝卜一畦菜，自己生的自己爱

说明父母对自己亲生的儿女，不论俊丑愚贤都非常疼爱。

衣不如新，人不如旧

衣服总是新的好，人总是旧的好。指旧友老妻感情最深。

易求无价宝，难得有情郎

意谓对女子来说无价之宝容易求得，而有夫君却难以得到。

易求者田地，难得者兄弟

兄弟情义是不易得到的，而田地一类的财产是容易得到的。劝诫人们要珍惜兄弟骨肉之情。

英雄气短，儿女情深

指英雄气概不足，男女情意绵长。常形容英雄人物沉溺于男欢女爱，失去奋发向上的斗志。

油儿酱儿糖儿醋儿倒在一处

多种味儿混杂在一起。意谓心里不是滋味，不自在。

油锅上的蚂蚁

比喻心情焦躁、坐立不安。

有福同享,有祸同当

有福运大家一同享受,有灾祸大家一起分担。通常用于称颂真正的朋友情谊。

有情哪怕隔年期

隔年期:隔一年时间。指真正的爱情能经得住时间的考验。

有情人终成眷属

眷属:这里指夫妻。有真挚爱情的男女最终会结成夫妻。

有再生的儿女,没有再生的爹娘

指儿女还可以再生,爹娘去世了却不能复生。告诉人们父母在世时,做子女的应尽心孝顺。

雨不大,淋湿衣裳;事儿不大,恼断心肠

意谓事情虽然不大,但也搅得人心情烦躁。

远亲不如近邻

指远方的亲戚比不上近处的邻居在各方面的照顾。

Z

早知今日,何必当初

既然知道会有今天这样的结局,何必当初而为之。多用来表示自我悔恨,也用来责备别人。

卷十一　境遇　贫富　得失

A

矮檐之下出头难

出头即指从困境中解脱出来。意谓一旦受人压制，就很难从困苦的处境中解脱出来。

安乐时头要低，困苦时头要高

意谓人在生活安逸之时要懂得谦虚，在处于困境的时候要学会敢于面对困难。

安危相易，祸福相生

易，变换。意思是安危、祸福可以相互转化，互为因果。

安逸生懒汉，逆境出人才

指安定幸福生活容易使人不思进步，而艰难的环境则容易让人奋发向上。

熬过冬就是夏

意指北方春天短暂，冬天过去后，夏天很快就来了。说明只要渡过眼前的困难，就能看见胜利。

鳌鱼脱却金钩去，摆尾摇头不再回

鳌，指传说中海里的大龟。意谓有本领的人一旦能够摆脱困难处境，便会远走高飞。

B

八败命，还怕个拼死做；荒年成，饿不死个瞎眼睛

比喻人只要坚持努力，脚踏实地，就会改变自己困难处境。

八十老汉桥头站，三岁顽童染黄泉

染黄泉：死亡。意谓人的生死没有年龄大小之分。

拔根汗毛都比腰粗

指富人拔根汗毛比穷人的腰都粗。说明富人的钱财比穷人多很多。

拔了毛的凤凰不如鸡

指凤凰的羽毛被拔掉后，还不如鸡漂亮。古时候说明官吏一旦失去权势连普通人都不如。

白日里见鬼

指大白天都能看见鬼。形容遇到了倒运的事情。

百日连阴雨，总有一朝晴

阴雨的天气总有一天会过去，晴朗的日子一定会来到。意谓历经磨难后，胜利一定会到来。

百万豪家一焰穷

享有百万家财的富贵之家，同样经不起一场大火。形容火灾无情。

败家容易兴家难

让家业衰败非常容易，使家业兴旺却很艰难。

败为寇，成为王

寇：强盗或外来入侵者。在抢夺政权的斗争中，失败者被当作贼寇，成功者登基成为君主。

绊倒不疼起来疼，犯错不怕过后怕

意思是在经历了沉痛打击之后，才能意识到失误的严重性。

绊三跤，方知天外有天；跌几跌，才晓人后有人

意谓人们在挫折磨难后，才能领悟到贤能之上还有贤能，不能自以为是。

饱食三餐非足贵，饥时一口果然难

比喻事物在匮乏之时才能懂得珍贵。

笨人有笨福

比喻不聪明的人也有他本身的福气。

比上不足，比下有余

形容和上等的相比，不如他人；和下等的相比，超越他人。比喻处在中等水平很满足。

彼一时，此一时

指当时的情况与现在的状况不一样。比喻发生变化是非常自然的事。

秕糠榨不出油来

秕：秕子，干瘪的或不饱满的籽粒。糠：从稻、麦等农作场上脱下的皮、壳。秕糠：秕子和糠，形容失去价值的东西。比喻穷人已经是一无所有了，无论如何压榨，都拿不出一点钱来。

必死则生，幸生则死

处在困境之中不怕死亡，反而能坚强活下来，倘若心存侥幸，必会导致死亡。

闭门家里坐，祸从天上来

指关起门坐在家中，同样会有意想不到的灾祸来临。比喻灾祸突然降临。

扁担没扎，两头失塌

比喻两头都落空。

不顶千里浪，哪来万斤鱼

比喻不冒大的风浪哪能捕得很多的鱼。形容不经历大的磨难，就不能获得伟大的成功。

不费二十四道手，粮食不会得到手

意谓不经受辛苦农作，就不会有丰收时的收获。

不费心血花不开，不下苦功甜不来

形容只有经历艰苦磨练，方能得到事业和生活上的改善。

不经霜的柿子不甜，不过九的皮毛不暖

意谓没有经受霜打的柿子不甜，没有经过寒冬的皮毛不暖和。形容人只有经过磨练才够成熟、够老练。

不能流芳百世，也必遗臭万年

古时认为不论是做好人还是坏人，只要能扬名就行。

不怕百战失利，只怕灰心丧气

形容不害怕在战场上连续失败，就害怕丧失斗志。形容无论遇到任何困难都不能灰心，都要充满信心地面对。

不怕上代穷，就怕下代熊

形容家境贫穷并不可怕，害怕的是子孙没有志气，没有本领。

不怕凶，只怕穷

指欠债的不惧讨债的凶，讨债的反而怕欠债的穷。

不求赶得早，就求赶得巧

比喻人办事重在把握机遇，要不早不晚恰到好处。

不入虎穴，焉得虎子

穴：巢穴。焉：怎么。形容不进老虎洞，抓不到小老虎。本意是不亲身经历险境就不能取得成功，后也用来比喻不勇敢实践就不能得到效果。

不是一番寒彻骨，怎得梅花扑鼻香

比喻不经过寒冷的冬天，就不会迎来梅花的绽放。形容生活只有经历了艰苦的磨练，才会有满意的结果。

不受磨难不成佛

佛：佛教徒称功德圆满的人。形容不经历生活的磨练就不能成为有出息的人。

不挑千斤担，哪来铁肩膀；不走万里路，哪来铁脚板

比喻没有辛勤的付出，就不会有丰厚的回报。

不下高粱本，没有老酒喝

老酒：这里指高粱酒。形容办事情需要付出一定的代价，否则不能达到预期目的。

不行春风，难得秋雨

指如果四季和顺，该吹春风时就会有春风，否则秋雨也不会及时来临。形容不为别人做善事，别人也就得不到回报。

不以成败论英雄

意谓一时的成败不应成为评论英雄人物的标准。

不遇盘根错节，不足以成大器

意思是要想成为出类拔萃的人才，必定要经受失败与挫折的磨练。

不遇盘根错节，无以别利器

指不遇到树干枝节交错、很难砍伐的树木，就不能辨别斧子的锋利。形容没有经历过失败和挫折的锤炼，就不能识别人才。

不撞南墙不知道墙硬，不尝梨子不知道梨子酸

形容人不经受挫折，就不会牢记经验教训。

布衣暖，菜根香

指身穿粗布衣服也暖和，嚼着菜根也香甜。意谓人享受贫穷的境遇。

C

财去人平安

去：失去。没有钱财拖累，反而会觉得平安无祸。

财与命相连

古时认为财与命是相通的，有钱的人命就好，没钱的人命就苦。

财主的斗，老虎的口

旧时以为有钱有势的人就心狠手辣，像老虎一样剥削穷人。

财主的金银，穷人的性命

意谓旧时财主的财产，都是用穷苦百姓的血汗换来的。

财主靠家当，穷人凭能耐

意思是富人依仗祖辈留下的遗产生活，而穷人不得不凭靠勤劳和技术生活。

财主门前孝子多

指的是给有钱有势的大老爷做事的人多。

草随风倒河随弯

草依照风势歪倒，水沿着地形流向远方。比喻人在无奈的时刻只能顺从现实。

草随季节长，人靠机会抖

抖指振作，草随着季节的变化存活，人抓住机遇就会发达。意思是做任何事情都要掌握机会。

长线放远鹞

鹞是纸鹞，指风筝。只有长线才能将风筝放得更高更远。比喻做事要有计划性，才能取得最后的成功。

朝廷还有三门子穷亲戚

意指再富裕、再显赫的家庭，也会有并不富裕的穷亲戚。

闯过七十三，难过八十四

旧的传统认为七十三、八十四是老人即将面对的坎，倘若能够超过七十三岁，也不容易再超过八十四岁。

成家犹如针挑土，败家好似水推沙

意思讲开创家业就好像用针挑土那样来之不易，而败落家业却像大水推沙那样易如反掌。

成立之难如登天，覆败之易如燎毛

成就家业像飞上天空一样艰难，倾覆没落就像点着毛发一样简单。指创业艰难，毁业容易。

成事在天，谋事在人

指事情的成败与否虽然是由天意判断的，但策划事情的胜利却在于人自己。表明要取得最后的胜利，主观努力发挥着重要的作用。

成则为王，败则为寇

旧时起义者胜利后便可称王，被淘汰者则被人称为盗寇。意思是以成败评论英雄。

城门失火，殃及池鱼

殃指灾祸。城门着火了，用护城河内的水去救急，水干枯后，鱼就无法生存了。意思指无辜受到牵连。

吃饭防噎，走路防跌

意思是事事都要谨慎，防备意外事情的发生。

吃个鱼头腥个嘴

吃鱼头时无法吃到很多肉，嘴却沾满了鱼腥味。比喻便宜没讨多少，却惹了很多麻烦。

吃过黄连的人，才知道蜜糖的甜

吃过黄连的人才明白蜜糖的甜蜜。意思是只要经过自身体验才能真正明白生活的辛酸苦辣。

吃过螃蟹就百样无味，贩过私盐就百行无利

吃过美味鲜嫩的螃蟹就感到其他食物索然无味，经营过利润肥厚的私盐，就嫌弃做其他生意利润微薄。

吃亏长见识

吃亏可以帮助人们增长见识，提高警惕。

吃亏人常在

意思指能够忍受利益损失的人，人情常在，受人欢迎。

吃力不讨好

意思是费尽心机而无法获取好效果。

吃烧饼还要赔唾沫

指办好一件事情必须付出一定的代价。

吃一番苦，学一回乖

人们在经历了一次失败的考验后，就能够深刻领悟一次教训。

吃一分亏，受无量福

佛家认为人与人相处吃一点亏，却会有意外的大量回报。

吃一分亏无量福，失便宜处是便宜

意思是吃亏并不一定是倒霉的事，往往会从中获得福气。

吃一亏，学一乖

指吸取了一回教训，从中学到经验，变得机警起来。

吃一堑，长一智

堑指阻断交通的沟，比喻失败。指经历一次困难，就吸取一次经验，增长一些知识和智慧。

吃在脸上，穿在身上

从面相上就可以判断饮食是否有营养，从身上的着装就可以明了家境是否富裕。

吃着自己的饭，替人家赶獐子

消费自己的食物，为别人赶着獐子。意指无偿替别人干活。

痴人自有痴福

意谓傻人头脑不灵，却自有傻人的福气。

池里的鱼虾晓不得大海大，笼里的鸡鸭晓不得天空宽

比喻不走出去经风雨见世面，知识与本领就很少。

出得龙潭，又入虎穴

意思是刚逃离困境，又陷入了另一危险的境地。

出的牛马力，吃的猪狗食

意思指穷困人们的生活极为艰辛，衣食都没有保障。

除了死法，另有活法

死法指行不通的方法。活法指灵活的办法。意思是不管遇到什么艰难，最终都会有办法消除困境，不要丢掉信心。

处处有路通长安

可到达长安的路非常多。意谓达到目的的线路很多。

穿鞋不知光脚的苦

穿鞋的人是不能体会到光脚行走人的感受的。意谓生活富裕的人是无法明白处在危难中人的痛苦的。

穿针还得引线人

比喻处理再小事情也得有人协助才行。

船烂还有三千钉

比喻大家族的人家虽然败家了，可却还有家底。

船行弯处须转舵，人逢绝境要回头

就像船划到河湾处要转弯一样，人在绝境中要调转方向，不能一意孤行。

床头有箩谷，勿怕无人哭

意思是人只要有金钱，死后就不担心没有人在灵前哭。

创业百年，败家一天

创业的道路长远而困难，败业却是轻而易举的事情。意思是毁业容易创业难。

吹喇叭，抬轿子

又是吹喇叭，又是抬轿子。意思是极力谄媚、奉承别人。

槌要敲在响鼓上

意谓说话办事要抓住关键点。

春不到，花不开

春天还没来，花儿无法盛开。意思是时机不成熟，事情就很难办成。

春天三冷三暖，人生三苦三乐

指人生的苦忧快乐就像春天的气候一样变化无常。

此处不留人，自有留人处

这里不容纳我，不等于无法找到肯收留我的地方。意思是出路非常多，不要死钻牛角尖。

从来好事多风险，自古瓜儿苦后甜

意思是办成功一件好事，要经历很多磨砺、挫折才能办成。

从胜利中学得少，从失败中学得多

人们总结过失的教训，比总结胜利的经验要多。

存十一于千百

意思是失去的东西非常多，而遗留的却很少。

D

打铁看火候，做事看时机

意思是做事情要掌握时机，就像打铁一定要掌握火候一样。

打铁要趁热，治病要趁早

意思指办事要抓住时间点，及时采取果断判断。

大难不死，必有后福

如果遭受了严重的灾难而存活下来，日后肯定是大富大贵。

大屈必有大伸

指人遭遇大的侮辱之后，肯定有扬眉吐气的时刻。

大手抓草，小手抓宝

旧时指手大的人命不好，手小的人有好运。

大寿到，难照料

指天命已到期，无力挽救。

得宠思辱，居安思危

人在胜利时要看到潜在的失败与危险。

得意时车辆盈门，失意时门庭冷落

盈指满。意思是得意时与之交往走动的人很多，潦倒时与之关心问候的人很少。

得意走官场，失意写文章

指得意时在事业上飞黄腾达，失意时一吐为快，用写作实现人生梦想。

E

蛾眉本是婵娟刀，杀尽风流世上人

蛾眉也作“娥眉”，指女子修长而弯曲的眉毛，就是美女的意思。婵娟形容女子姿态优美，指贪恋美色会招致杀身之祸。

饿出来的见识，穷出来的聪明

指饥饿和穷困能激发人，使人斗志昂扬，增长知识，变得坚韧灵活。

饿慌的兔儿都要咬人

比喻人被逼得走投无路时,就会无所顾忌,什么事都干得出来。

饿急了吃五毒,渴急了喝盐卤

五毒指蝎子、蛇、壁虎、蜈蚣和蜘蛛五种毒虫。盐卤熬盐时留下的溶液,黑色,味苦,有毒。比喻处于险境的时候,人的行为往往不知所措。

饿了来馒头,困了遇枕头

肚子饿了就有馒头可以充饥,人困乏了就能找到休息的地方。意思是办事顺利,或所期望的能得到满足。

饿死不做贼,屈死不告状

生活再穷也不能去偷盗;冤屈再深也不要去告状。因为旧时候贪官污吏霸道,百姓有苦难申。

饿死胆小的,撑死胆大的

意思指胆小怕事的只得一生贫困,胆大不怕风险的人才能有钱财。

二十年的媳妇熬成婆,百年的道路熬成河

比喻辛难的日子再漫长,终究会有盼出头的日子。

F

放虎归山,必有后患

把老虎放回山林,一定会有隐患。意指放走自己的敌人,会留下无尽的隐患。

飞鸟不知网眼儿细

网指罗网,用绳线做成的捕鸟器。飞鸟看不清网眼儿小,结果被罩住。比喻人往往不知灾祸即将发生。

风吹鸡蛋壳,财去人安乐

财产是一种负荷,没有财产往往能得到人生的平安幸福。

风流自古多魔障

风流指英俊杰出。魔障是佛教用语,指恶魔所设的阻碍。有才华的英明之士,从来命运多难,困难重重。

风无常顺,兵无常胜

天气不会保持吹顺风,打仗无法每次都赢。意谓做任何事情都不可能总是一帆风顺。

逢庙就得上供,见寺就得烧香

碰到庙就献上祭品,看见寺就拜佛磕头。意思是为了办成某事,遇到有用的人,只能送礼。

福不多时,祸由人作

幸福不会永恒,灾祸也是由于个人的原因导致的。

福从此起,祸也从此起

指有利必有弊,福与祸一直都是共存的。

福地留与福人来

旧时指风水宝地都是有福之人居住的圣地。

福过灾生，乐极悲至

福享尽了灾祸就会来，兴奋到了极点痛苦就会来到。

福来不容易，祸来一句话

福运不易得到，而失言常常会惹下祸患。意谓说话要十分小心。

福人自有福命

福命指享福的命运。指有福的人福气非常大。

福生有基，祸生有胎

福和祸都不是临时发生的，自然有它的发源地。

福是自求多的，祸是自己作的

福是自己用行动换得的，灾祸也是自己招致来的。指祸福的发源地都在自身。

福无双降，祸不单行

走运的好事不可能同时到来，而倒霉的事情却接踵而至。旧指人心想事成的时候少，倒霉的时候多。

福与祸为邻

福中包含着祸，祸中包含着福。意思是福祸是可以相互依存并转化的。

福至心灵

意是指好运来临时，人也会变得有智慧。

福至心灵，灾令志昏

好运会让人变得睿智；灾难会使人变得愚昧。

富不学奢而奢，贫不学俭而俭

奢指奢侈，花费大量的钱财，追求超乎寻常的享受。人钱财多了，不想奢华也很难，贫困了不想节俭也必须节俭。

富从升合起，贫从不算来

合指汇聚。财富是从逐渐积累起来的，贫穷是因为不作精打细算招来的。

富贵本无根，尽从勤里得

富贵不是生下来就有的，全靠一双辛勤的手得来。意谓只有勤劳才能走上富裕之路。

富贵怕见开花

花开就会有花落，富贵之人见花开从而忧愁失去财富。

富贵他人合，贫贱亲戚离

人在富贵时，连外人也会来投奔；人在贫穷时，即使是亲人也不敢靠近。意谓世人嫌贫爱富，没有真感情。

富贵在天，生死由命

旧时指人的命运都是老天注定，人本身是无法更改的。

富极是招灾本，财多是惹祸因

富有到了极点就会向反面发展，引来灾难。

富家必有旧物

富裕人家一定有前世留下的宝贝。

富家一席酒，穷汉半年粮

有钱人家举办一席酒，够穷人家半年的食物。意谓生活等级，差别很大。

富了贫，还穿三年绫

绫指比缎子薄的丝织。富人即便穷了，但靠家底还可以撑着过几年好日子。

富攀富，穷帮穷

意思是富人互相结交，穷人互相帮助。

富人家日子好过，穷人家孩子好养

富人有钱，日子容易过活；穷人的孩子不娇气，也好养活。

富人思来年，贫人顾眼前

富人生活宽裕，有长远打算；穷人艰苦，只能先顾目前生活。

富人踏穷，寸步难行

指富人如果败落变穷，便很难生活。

富日子好过，穷家难当

意思是富人家富有，日子逍遥；穷人家没钱，事事艰难。

富无三代享

富裕家庭也不会永远有钱，总会有破落的时候。

富嫌千口少，贫恨一身多

富裕人家希望孩子越多越好，贫苦人家却怕孩子过多无法养活。

G

赶集早进城，赶席早入棚

比喻办事情要抓住时间，赶在时间前面。

钢铁要在烈火中锻炼，英雄要在困难里摔打

指大人物要在磨砺中成熟，就像钢铁要在熊熊烈火中锻炼一样。

各人有各人的难处

指人都有自己的辛酸难事。

各人自有各人福，牛吃稻草鸭吃谷

旧时指人们的宿命不同，福运也有差异。

各有因缘莫羡人

因缘指导致结果的直接原因和辅助结果的条件或力量，也指缘分。人人都有自己的缘分，不必去忌妒别人。

耕牛无宿草，仓鼠有余粮

耕牛辛苦劳累却没有明天的草，仓库里的老鼠轻轻松松，却有着无尽的粮食。意指旧时穷人辛苦劳作却无衣无食，富人不费力气却生活富有。

弓硬弦长断，人强祸必随

长这里同“常”。弓太硬，弦就容易折断；人如果过于要强，也一定会招来灾祸。

功成不退，祸在旦夕

旦夕指早上和晚上，比喻短时间。取得成绩后如不急流勇退，不久就会招惹是非。

功名富贵草头露,骨肉团圆锦上花

指功名利禄就像草梢上的露水一样虚幻,而亲人团聚就像锦上添花一样幸福。指功名财富不足惜,家庭和睦才是真。

孤柴难烧,孤人难熬

指一个人生活是非常困难的。

瓜熟蒂落,儿大自立

蒂指瓜、果等与枝、茎相连的地方。儿女长大了就应自食而力,学会独立生活。

官宦自有官宦贵,僧家也有僧家尊

当官的人地位显赫,出家的人却有他们所没有的品格。

贵人多磨难

指宝贵之人所付出实际的磨难要比普通人多。

过了这个村,没有这个店

店在旧时指村寨里经营的住人、歇车马的旅店。比喻机遇来了就不要错过,错过了很难再有。

H

憨头郎儿,增福延寿

憨头郎儿指不太熟悉人情世故的人,郎儿亦称儿郎。指为人处世不要太精明,不要太计较得失,即便看似有一些模糊,却可以快乐自在,增福添寿。

寒门生贵子,白屋出公卿

寒门指地位卑微的家族。指旧时的富足人物往往生于低贱之家。

好刀要在石上磨,好钢要在火中炼

比喻人要想取得成就,必须经过艰苦的考验。

好汉不怕出身低

英雄贵在有本事、有抱负,不在乎出身的级别。

好汉千里客,万里去传名

好汉四处做好事,打抱不平,名声远扬。

好酒说不酸,酸酒说不甜

说指议论,评论。好酒不会由于别人说酸就酸,酸酒也不会由于别人说甜就甜。比喻人的性质不会因外界的评说而有所改变。

好了疮疤别忘了疼

比喻败落之后要牢记教训。

好名难出,恶名易出

好的名声不容易扩散,坏的名声却传得飞快。

好人不长寿,祸害一千年

祸害指坏人。好人往往活不长久,坏人却寿命长久。

好人多难,好事多磨

指好人命运多难,好事不能轻易获得。

好人说不坏,好酒搅不酸

好人不怕别人说,就像好酒不怕搅和一样。指流言蜚语无法干预正派的人。

好人说不坏,坏人说不好

无论好人和坏人,都不会因外在的名誉而失其实。

好事难碰上,坏事接连三

接连三指接二连三。指好运很难碰上,厄运却无法抵制降临。

好事宜早不宜迟

有利的事要加紧步伐,不能延误,以防产生其他变化。

好天还得防阴雨

比喻人身处顺境,也要为未来的逆境做好心理准备。

好言不听,祸必临身

指不听别人有益的意见,就会招来大祸。

禾怕寒露风,人怕老来穷

禾苗到了寒露就会凋谢,经不起风寒气候;人到了年纪大的时候,体弱多病,就怕因贫穷而生活困苦。

河里鱼多水不清,山里石多路不平

比喻人生的道路会有很多挫折,不会顺顺利利。

河有九曲八弯,人有三回六转

指人生之路就像河流一样充满挑战。

荷花开在污泥中

比喻在艰苦的环境中也能成就高贵优雅的品格。

虎瘦身还在

比喻人要在危险的环境中学会保护自己,以希望将来发展。

花开引蝶,树大招风

比喻才华横溢会惹祸上身。

花盆里长不出栋梁,鸡窝里练不出翅膀

比喻温暖美好的环境对人的健康成长没有好处。

患难朋友,艰苦夫妻

患难中成就的友情最踏实;艰苦生活过来的夫妻最相爱。

皇帝轮流做,明年到我家

既然万物都是风水轮回,每个人都应有事业有成的时刻。

黄河尚有澄清日,岂可人无得运时

指人一定会迎来走运的时刻。

黄金被土埋,不失其光辉

比喻人的天赋与闪光点不会被恶劣的环境所掩盖。

黄金从矿石中提炼,幸福从艰苦中取得

只有经过生活的困苦的磨炼才能获得最终的成功。

黄连树根盘根,穷苦人心连心

贫穷的人由于相同的命运而互相同情,同命相怜。

黄泉路上无老少

黄泉本指地下的泉水,引申为死亡。指人的死亡不会根据年龄的大小判断而有先后顺序。

黄鼠狼专咬病鸭子

比喻灾患一定是降临到悲惨的人身上。

豁不出肉疼治不好疮,舍不得孩子打不住狼

比喻要想得到成功,就一定要付出更多的代价。

活人不会给尿憋死

比喻人不应该投降于客观世界,要思考摆脱目前的现状。

祸从浮浪起,辱因赌博招

浮浪指轻薄放纵。轻薄放荡和迷恋赌博都会带来灾难和失去尊严。

祸福无门,唯人自召

召指招致。无论是获取幸福还是招来灾祸,都是自己造成的。

祸由恶作,福自德生

干坏事就会招来灾祸,做好事就会带来好福气。

惑者知返,迷道不远

能够亡羊补牢,有所改悟,说明他还没有达到无法自拔的程度。

J

饥不择食,寒不择衣,慌不择路,贫不择妻

指人在迫不及待的时候,也顾不上挑三拣四了。

饥者易为食,渴者易为饮

食指拿东西给人吃。饮指给人水喝。对饥寒交迫的人,简陋的衣食就能使他们感到心满意足。也比喻社会动荡之后容易得到有效的治理。

机不可失,时不再来

指机遇难得,不可轻易错过。

鸡毛飞不上天

形容弱小者成就不了大事。

鸡瘦不倒冠

鸡虽瘦了,可鸡冠依旧是挺拔的。比喻人虽遭遇挫折,但原有的信仰和勇气不变。也指人虽然生活不富裕,但骨头还是硬的。

鸡窝里藏不住凤凰

比喻有才华的人不肯屈服于既定的命运,必然有功成名就的一天。

鸡窝里也能飞出金凤凰

比喻艰苦的环境也能培养出世间英杰。

积丝成寸，积寸成尺，寸尺不已，遂成丈匹

丝指一种很小的计量单位。积少成多。指凡事坚持努力，持之以恒，就能达成目的。

吉人自有天相

吉指吉祥，吉利。相指帮助。运气好的人冥冥之中会得到老天的祝福。

急不避嫌，慌不择路

人在急迫中就顾不上躲避嫌疑；在慌乱中就无暇顾及挑选路线。

急出嫁嫁不下好汉子

指女人很想出嫁，也许找不到称心的男人。也指没有准备就急忙选择，结果往往事与愿违。

急出来的主意，逼出来的祸

人在紧急情况下往往能想出急救的方法，但往往因被逼而引出事端。

急生智，气生慧

意思是人在急迫中处境中往往会被逼出救急的智慧来。

急用卖得堂前地

着急时，连堂屋前的地也舍得卖掉。指人在极度困难时，是什么事情都可能干出来。

急中有失，怒中无智

形容人在急迫中或发怒时最容易失误。

既到大江边，不怕水湿脚

意谓既然想做某事，就别担心惹麻烦。

既在矮檐下，怎敢不低头

指既然受制于人，只好向别人屈服。

既在江湖内，都是苦命人

指流落社会的人都是苦命的人，要互相照应。

寄人篱下，有苦难言

寄：依附。依附别人而谋生，伤心了也没法诉说。

家家都有本难念的经

指谁家都有一些缠人的麻烦事。

家贫的孩子知事早

贫困人家的孩子从小就得为家庭操心，因此懂事早。

家穷有口锅，人穷不离窝

指家里再穷，也有口做饭的锅，人再贫困也不愿离开自己的家。形容人总是依恋故土。

家要败，出妖怪

意思是家庭败落前，就会生出离奇古怪的事。也说明一个集体一个国家将要衰败时，就会出现各种各样的坏人。

家有多嘴公,十个仓廒九个空

多嘴公:指光吃饭不干活的人。仓廒:保存粮食的仓库。意思是家里有了吃闲饭的人,家境自然被吃空。

家有黄金,邻有斗秤

指一个家庭生活富足不富足,周围的邻居都很了解。

家有千万,小处不可不算

家庭再富裕也要精打细算地生活。

家有三件宝,丑妻薄田破棉袄

指相貌丑陋的妻子、贫瘠的土地和破旧的棉袄,是贫困农民的三件宝贝。

家有万担粮,挥霍不久长

担:一百斤为一担。形容家业再大也经不住挥霍浪费。

家有万贯,还有个一时不便

指家里再有钱,也免不掉有个一时拿不出现钱的时候。

肩膀头儿不齐,不是亲戚

意思是贫富地位差距大的人,不会成为真正的亲戚。

俭是聚宝盆,勤是摇钱树

意谓只有勤俭才能发家致富。

见贫休笑富休夸,谁是常贫久富家

说明人不要夸耀富足,也不可讥笑穷人,因为贫富毕竟不是一成不变的。

箭在弦上,势在必发

比喻形势紧急,不得不做。

将相无种,官出庶民

庶:普通人。指普通人家同样可以出官位显赫的大人物。

叫花三年,做官无心相

叫花:指乞丐。心相:指乐趣。做了三年叫花子,让他做官都不愿意去做。指叫花子自有他的乐趣。

叫花子也有三个穷朋友

说明不论什么样的人都会有几个知己。

叫花子也有三天年

乞丐过年也休息三天。意思是再穷的人也有几天高兴的日子。

借酒浇愁愁更愁

有忧愁时,想借酒消愁,反而会更加忧伤。指忧愁上来,无处发泄。

今天脱下鞋和袜,不知明天穿不穿

今天活着不知道明天还能不能活着。意谓人的死生难测。

经霜的甘蔗分外甜

形容经受考验之后,生活会更幸福。

久走夜路,总要撞一回鬼

说明长时间冒风险,免不了要出意外。

酒乱性，色迷人

指美酒和女色能迷惑人的心性。

酒色祸之媒

意思是贪酒和贪色是祸乱的根源。

酒中含毒，色上藏刀

比喻酒和色对人都有危害，奉劝人们要谨慎对待。

拘小节者，不能立大事

指看重细枝末节问题的人，做不成大事情。

巨雷报信必有灾

旧时认为巨雷响起，必有灾祸发生。

君子问祸不问福

指君子算命时只问凶，不问吉。

K

口子大小总要缝

意谓问题无论大小还是要解决。

苦尽甘来是真福

说明历尽了苦难而得到的幸福才算真正的幸福。

苦日难熬，欢时易过

意思是人在心情爽快时，感到时间过得很快；在心情苦闷时，感到时间过得很慢。

苦死千家，发财一家

指天下受苦受穷的占多数，发家暴富的人极少。

库里有粮心不慌，手里有钱喜洋洋

意谓农家粮足钱多，日子自然过得幸福。

L

腊月的花子赛如马

花子：指乞丐。赛如马指胜过奔跑的马。意思是寒冬腊月，天气很冷，乞丐只能以跑步取暖。

来得早洗头汤，来得迟洗浑汤

头汤指刚放入浴池的热水。浑汤指洗浴后剩下的水。说明来早了清水洗澡，来晚了只能浑水洗澡。告诫人们做事宜早不宜迟。

懒人自有懒人福

意思是懒人也有福气，因为有人代劳。

老虎离山被犬欺，凤凰落架不如鸡

形容英雄人物在失运时，会受小人的气；高贵的人物一旦失去荣华富贵，身价还不如一般人。

老了的千里马不如一条狗

意谓再有才的人年纪大了也会失去威力,被人轻视嫌弃。

老天爷饿不死没眼的家雀

指即使瞎眼的家雀,老天爷也不会让它饿死。形容生活再困难的人也能挣扎着生活下去。

老天爷有眼

老天对人世间的事情看得很清楚。常用来说明世事总是善有善报,恶有恶报。

两下里做人难

意谓在矛盾的处境下,不知怎么办才好。

临崖立马收缰晚,船到江心补漏迟

意谓事态已经很紧急,大错已经铸就,这时再取行动挽救,已经晚了。

留得葫芦子,不怕无水瓢

比喻保存实力,不担心没有好的成果。

留得青山在,不愁没柴烧

意谓把实力保存下来,就会有出路。

六十年气运轮流转

六十年:农历用天干地支纪年,六十年为一轮。古时认为,人的运气每过六十年会互相交换运转。

龙怕揭鳞,虎怕抽筋

龙害怕揭去鳞甲,虎害怕抽去筋骨。指本事高强的人也担心别人伤他要害处。

蝼蚁尚且贪生

蝼蚁指蝼蛄和蚂蚁。像蝼蛄和蚂蚁这样的小虫还想存活,况且人呢?比喻人应当珍惜自己的生命。

漏底的缸好补,穷困的洞难堵

说明贫困是一下子难以改变的。

路不会总是平的,河不会总是直的

指人的一生不会总是平坦的。也说明人与人相处,难免发生矛盾。

路是人开的,树是人栽的

说明事情的成功全在于人的勤奋。

M

麻雀飞过,也有影子

比喻无论做什么事情,总会留下一些痕迹的。

马不失蹄,不识有地

马不摔倒就不会了解大地。指人不犯错误就难以获得成功。

马逢伯乐方知价,人遇知音自吐心

好马只有遇见伯乐才能显露自己的价值,人只有在知音面前才会一吐真心。

马渴想饮长江水，人到难处思亲朋

比喻人陷入困境时，就会思念亲朋好友，希望得到他们的帮助。

马老无人骑，人老就受欺

指马老了，就没有人再去差使它，而人老了，会受人欺侮。

马老卸鞍，虎老归山

马老了，要将马鞍子卸下来，虎老了，也要放归山中。说明人老了也要休息。

马行软地易失蹄，人贪安逸易失志

马在软地上走路容易跌倒，人贪图安逸的生活就容易失去志气。

马要骑，人要闯，生铁不炼不成钢

比喻人不经过实践的锻炼是不会成功的。

马有三肥三瘦，人有三起三落

马在生长过程中有时肥壮，有时瘦弱，人在社会上，有时一帆风顺，有时遇到坎坷。

麦高于禾，风必吹之；人高于群，众必推之

比喻人才能超群，一定会遭到排斥、嫉恨。

卖牛留条绳，做人留个名

意谓人活于世要留下好名声。

馒头落地狗造化

馒头掉在地上，成了狗的美食。比喻碰上了意想不到的好事。

没碰过钉子不知道疼

指没受过挫折，不知道吸取经验教训。

没事常思有事

指生活在安定和谐的环境中，要时刻提防可能发生的危险。

没有过不去的河，没有爬不上的坡

意谓只要勤奋，没有克服不了的困难。

没有一口吃饱的饭

指要想成功，必须脚踏实地，一步一个脚印地进行。

蜜罐里熬不出硬骨头

说明安逸的环境磨炼不出人的意志。

妙药难医冤债病，横财不富命穷人

冤债病，指冤鬼、债鬼纠缠的病。横财，指用不正当手段得来的钱财。说明灵丹妙药难治冤鬼、债鬼纠缠的病，不义之财富挽救不了命中注定贫穷的人。

民怕兵匪抢，官怕纱帽丢，穷怕常生病，富怕贼人偷

说明各类人都有自己担惊受怕的事。

明月不常圆，好花容易落

月亮圆缺，鲜花开谢，是经常发生的事。指称心如意的事情不可能长久存在。

明珠不怕磨，越磨越闪光

比喻坚强有正义感的人经得住各种考验。

命该井里死，河里淹不煞

煞：死。比喻人的生死是命中注定的，该在哪里死，就得在哪里死。

命好心也好，富贵直到老

指命运好心肠也好的人，能享受一辈子荣华富贵。

命里无财该受穷，富贵都是天铸成

铸成：安排注定。指有钱没钱享福受穷都是命中注定、上天安排。

命若穷，掘得黄金化作铜；命若富，拾着白纸变成布

说明贫穷富贵都是命中注定的，人为的力量很难改变。

命中注定三更死，决不留人到五更

更：旧时一夜分成五更，每更大约两小时。持宿命论观点的人认为人在什么时候死是天命预先决定的。

N

拿斧的得柴火，张网的得鱼虾

指在哪个方面付出努力，就会在哪个方面取得收获。

男儿不发狠，到老受贫困

比喻男人做事如果没有恒心，或者心态不够沉稳，到老来就会潦倒受穷。

能医病不能医命

比喻再高超的医术，面对不治之症，也无法挽回病人的生命。

泥捏人也要有时间晒干

说明任何事都有个过程，切不可急于求成。

年轻饱经忧患，老来不怕风霜

比喻人饱经风霜后，任何困难都能战胜。

年轻不攒钱，老来受艰难

人年轻时不懂得积蓄，年老时生活自然困苦。

鸟大高飞必有影，树大枝多更招风

比喻一个人声望越高，招来的麻烦就越多。

鸟过留鸣，人过留声

比喻人在社会上一定要留下好名声，就如同鸟儿飞过时留下好听的叫声一样。

鸟之将死，其鸣也哀；人之将死，其言也善

指鸟在临死前叫声哀婉凄凉；人在临死前言语真诚和善。

宁跟明白人打一架，不跟糊涂人说句话

指在任何情况下宁可与明白事理的人打一仗，也不能和不明事理的人交往。

宁进一寸死，毋退一尺生

指宁可前进一步壮烈牺牲，也决不后退苟全性命。

宁可贫后富，不可富后贫

指先贫穷后富有的日子好过，先富有后贫穷的日子难过。

宁可无了有，不可有了无

指从无到有的生活好过，从有到无的生活难过。

宁可做过，不可错过

意谓不管做得成功与否，都不能错过机遇。

宁苦在前，不苦在后

指宁可先吃苦后享福，不要先享福后受苦。

宁穷一年，不穷一节

宁可在平日里省吃俭用，也不要在节日里过于节省。

宁在地上挨，不在土里埋

指宁愿活在世上受苦，也不愿意死去。说明每个人都有贪生的欲望。

牛老任人宰，人老任人欺

古时候认为人老了，无所作为就会受人欺凌，就像牛老了会任人宰杀一样。

牛老无力，人老无威

指人老了就会失去以往的威势，就如同牛老了没有力气一样。

P

怕刺戳，摘不到鲜花；怕烫手，吃不到饽饽

饽饽，指馒头或其他面食。比喻害怕危险，就难以成功。

怕得老虎喂不得猪

指因怕老虎可能吃掉喂养的猪而不去喂猪，说明顾虑重重办不成事。

怕鬼偏有鬼

比喻担心出问题却真的出了问题。

怕小河过不了大江

意谓害怕小的困难，就干不成大的事情。

怕痒怕痛，做不得郎中

郎中，指中医医生。害怕病人在治疗中出现疼痛，就当不了医生。也比喻做事怕这怕那，就不会成功。

怕灾就来祸，躲也躲不过

灾祸是命中注定的，躲是没有用的。指不要畏惧面前的艰难险阻。

碰得好不如碰得巧

意谓机遇能给人带来幸运。

碰一回钉子学回一乖

说明吃亏能让人增长才智。

匹夫无故获千金，必有非常之祸生

匹夫：常人。一个人无缘无故获得巨额钱财，一定伴随有灾难发生。

贫不忧愁富不骄

指贫穷时不要愁眉苦脸，低三下四，富贵时不要盛气凌人，骄傲蛮横。

贫不与富敌,贱不与贵争

指生活贫困的人不要与生活富裕的人争强,普通百姓不要与有权势的人攀比。

贫不与富斗

古时候指穷人斗不过富人。

贫家百事百难做,富家差得鬼推磨

差:指使。穷人没钱,什么事都难办成;富人有钱,没有办不成的事情。

贫家富路

指生活穷一些还可以应付,出门在外可得多带钱财以应急需。

贫贱亲戚离,富贵他人合

贫穷时,亲朋也会疏远,富贵时,陌生人也来投奔。指人情冷暖,嫌贫爱富。

贫贱之交不可忘,糟糠之妻不下堂

比喻生活贫困时结交的朋友不可遗忘,同甘共苦的妻子不可遗弃。

贫无本,富无根

贫穷没有贫穷的根源,富有没有富有的根。指贫穷、富有都不是一成不变的。

贫嫌富不爱

指穷人嫌弃,富人不喜欢。意谓谁都不要。

平安就是福

指人的一生如果没有灾难和危险,就算是最大的福分了。

泼水难收,人逝不返

人离开人世后不可能再回来,就像泼出去的水一样,无法收回。

破船经不起顶头浪

比喻处境困难的人经受不住巨大的打击。

Q

骑虎之势,必不得下

骑在了虎背上,便难以下来。比喻做事遇到困难却不能中止,只好硬着头皮干下去。

起头易,到底难

说明凡事开头简单,坚持到底却很困难。

千金难买心中愿

愿:愿意。指让人心甘情愿做某事并不是很容易的。

千金难买一口气

一口气:指人的性命。人的生命是无价之宝,是多少钱也买不来的。

千人所指,无疾而亡

被所有人指责,即使没有疾病,也会死亡。

千死敢当,一饥难忍

说明饥饿是世界上最难忍受的痛苦。

前怕狼,后怕虎,一事无成白辛苦

比喻做事瞻前顾后,左右不定,必将一事无成。

钱过北斗,米烂成仓

钱多得堆起来可以超过天上的北斗星,粮食多得吃不完,腐烂在粮仓里。比喻极其富有。

墙倒众人推,鼓破众人捶

比喻人一旦倒霉失运,众人就会乘机欺侮或攻击。

穷村有富户,富村有穷人

说明穷人、富人哪都有。

穷怕来客,富怕来贼

穷人无钱招待,所以担心客人来临;而富人有钱有物,担心丢失,所以怕贼光顾。

穷人有个穷菩萨

指穷人也有护佑他的力量。

穷人乍富,如同受罪

意谓穷人突然富起来,一时难以适应。

穷上山,富下川

指山上资源丰富,穷人好生活;平川环境好,富人可去享受。

穷虽穷,还有三担铜

意谓富贵人家即使败落了,总还有一些财产。

犬若赶到绝望路,岂不回头咬他人

比喻人处于绝境时会不顾一切,铤而走险。

R

人不怕低,货不怕贱

人品德好,不怕出身低微;只要货好,不分价格低廉。

人不宜好,狗不宜饱

比喻人的生活不应过于安逸,优裕会消磨意志;狗不能喂得太饱,太饱了就懒得看家。

人不知亲穷知亲,心不知近穷知近

说明人只有在困苦时,才能体会到谁最亲近。

人不走运,喝口凉水都塞牙

比喻人不走运时,往往四处碰壁。

人到难处不能挤,马到难处不加鞭

人在最危难时,切不可再对之施加压力;就像马到力气用尽时切不可加鞭催赶一样。

人到难处才见心

意谓遇到困难时才能考验出一个人的思想意志。

人到难处方知难

指自己亲自面临困难时,才真正懂得什么是困难。

人到难处就如虎落深坑

意谓人陷入困境时,就好像老虎陷入深坑一样,无能为力。

人到难处显亲朋

指人在困境中才显出亲戚朋友的作用来。

人到事中迷,就怕不听劝

当事人往往头脑发热,缺乏冷静的观察思考,往往听不进旁观者的劝告,问题就会更加严重了。

人的名儿,树的影儿

人和人的名声密不可分,就像树和树的影子一样,形影不离。说明名声对人非常重要。

人急悬梁,狗急跳墙

意谓人被逼急了,会不顾后果地乱来,就如同狗被逼急了会跳墙一样。

人命大如天

说明人的性命极其重要。

人能名望高

指有能力有作为的人,名望就会高。

人挪活,树挪死

说明新的环境有利于人的生存和发展。

人怕逼,马怕骑

指人被逼急了,什么事都敢蛮干,就像马被人骑上就会乱跑一样。

人怕出名猪怕肥

比喻人一旦出了名,就容易惹来各种麻烦。

人怕落荡,铁怕落炉

人一旦落入圈套,就像铁落入火炉一样,很难逃脱。

人怕伤心,树怕伤根

说明人最大的悲哀莫过于心灵上受到创伤,树最大的损伤莫过于伤了树根。

人怕遇难,船怕上滩

人害怕突遇灾难,就像船害怕搁浅无法行驶一样。

人贫志短,马瘦毛长

比喻人在穷困的处境中,很容易丧失勇气和斗志。

人穷长力气,人富长脾气

指人在贫困时,为了谋生终日劳作,增长了自己的力气;而人在富裕之后整天养尊处优,因地位比他低的人事事让着他,所以脾气会越来越大。

人穷当街卖艺,虎饿拦路伤人

人在贫困时不顾脸面,便会沿街卖艺求生,就像老虎饥饿时要拦路吃人一样。

人生能有几回搏

指人的生命短暂，要勇于拼搏，才能成就一番伟业。

人生如白驹过隙

比喻人的生命非常短暂，应倍加爱惜。

人生识字忧患始

人一旦读书识字，便是一生忧患的开始。指知识越多，烦恼的事就越多。

人生一盘棋

指人的一生就如同一盘棋一样，变化莫测。

人是三截草，不知哪截好

人生什么时候好，什么时候坏，很难预料。比喻人生变化莫测。

人受折磨武艺高

人只有在不断的磨难中，技艺才会有所提高，说明凡事都要经过一番艰苦磨炼。

人死如灯灭

指人死如同灯灭一样，不能复活。

人死债入土

指人死了，债务也就不复存在了。

人望幸福树望春

每个人都希望生活幸福，就像寒风中的树木总盼望春天快快来临一样。

人为一口气，丢了十亩地

指人有时为了争一口气，便造成了巨大损失。

人未伤心不得死，花残叶落是根枯

说明人心灵受伤就容易死亡，就像植物的根干枯了就会死掉一样。

人无千日好，花无百日红

说明人好的境况不可能常在，就像花不能常开一样。

人香千里香

指人的名望好，就会传扬四方。

人要练，马要骑

指人要多经过磨炼才会进步，就像马要多骑才能奔驰一样。

人要知足，马要歇脚

人只有知足才能快乐，马要经常歇脚才能体力充足。

人有悲欢离合，月有阴晴圆缺

人活在世上有悲伤、欢乐、离散、团圆，就像月亮有阴晴圆缺一样。比喻凡事都不能十全十美。

人有吉凶事，不在鸟音中

指人的吉凶福祸与乌鸦的叫声没有任何联系。

人有生死，物有毁坏

人生在世，有生就有死，就像物体总要被破损一样。

人在世上炼,刀在石上磨

人要在社会中只有经受锻炼才会坚强;就像刀要不断磨砺才能锋利一样。

人走时运马走膘

膘:肥肉。此处指强壮的体魄。指人生在世常常靠的是运气和机遇;而骏马飞驰千里靠的是强壮的体魄。

荣华是草上露,富贵是瓦头霜

荣华富贵就像那草上的露水、瓦上的霜雪,一见阳光便会消散了。说明荣华富贵非常短暂,容易消失。

容易得来容易舍

如果东西得来容易,不被珍惜,那么失去也容易。

乳名都是父母起,坏名都是自己惹

意谓坏人对他的恶名负有全部责任。

入深水者得蛟龙,入浅水者得鱼虾

比喻敢于吃苦受累、冒大风险,收获就多;反之,知难而退,害怕付出的人,收获就少。

软锤子打不出硬家伙

锤子软,就打不出好铁来。比喻没有超人的毅力和过硬的本领,就难有大作为。

若要佛法兴,除非僧赞僧

意谓成就一番事业,需要大家同心协力,相互支持。

若要甜,加点盐

比喻生活中只有尝到苦头,才能感觉到甜,只有经受波折,才能体会到幸福。

S

洒多少汗水,有多少收获

指人的付出与回报是成比例的。

三寸气在千般用,一日无常万事休

三寸气:指呼吸。无常:指死亡。说明人活着可以有很多作为,一旦死亡就万事皆休。

三十年河东,三十年河西

比喻气运的兴衰更替,常常有周期性的变化。也常比作事物的结局不可预料。

三万六千毛孔一齐流汗,二十四个牙齿捉对厮打

说明人吓得浑身流汗,心惊胆战。

杀人不过头点地

人头落地也不是什么大不了的事。意谓再大的事也不需要看得过于严重。

山高挡不住行路的人,河宽挡不住摆渡的船

指人世间没有摆脱不了的困难。

山有高峰,水有激流

比喻人生在世难免遇到各种各样的坎坷和困难,不可能一帆风顺。

山中常有千年树，世上少有百岁人

深山里有千年的古树是常见的事，人世间却很少有百岁的老人。说明人的生命之短。

善良的人流芳百世，恶毒的人遗臭万年

说明行善的人做的好事，作恶的人干的坏事，都会被人们永远记住。

伤弓之鸟高飞，漏网之鱼远逝

指受过弓箭惊吓的鸟一定飞得非常高；从渔网中逃出的鱼一定游得非常远。比喻人吸取教训后会有所警觉。

伤心忧愁，不如握紧拳头

指面对伤心和不如意，不能垂头丧气，一定要振作精神，努力奋进。

上当学乖，吃亏学能

上当受骗使人学会机灵，吃亏使人变得有能力。

舍不得金弹子，打不住银凤凰

意谓实现宏伟的目标需要付出超人的代价。

舍不得香饵，钓不来金蟾

饵：钓鱼时引鱼上钩的食物。金蟾：俗称金蛤蟆。说明舍不得下大本钱，就难以得到大利益。

身在福中不知福

过着幸福生活的人往往感觉不到幸福的存在。

深山藏虎豹，乱世出英雄

深山老林容易潜藏着虎豹，动乱时代容易造就英雄。

神仙本是凡人做，只为凡人不肯修

比喻人人都能成就一番事业，只是一般人不肯下工夫罢了。

生不带来，死不带走

指人来到世间时什么也没带来，离开人世时什么也不会带走。用以告诫人们不要把功名利禄看得太过严重。

生死关头见人心

只有在生与死的紧要关头，方能看出一个人的真实内心。

生子痴，了官事

生了个痴呆儿，便可免去官府的差役。比喻为人处世厚道一些，便可平安无事。

胜不骄，败不馁

馁：灰心丧气。指胜败乃兵家常事，胜了不要骄傲，败了也不要心灰意冷。

胜不足喜，败不足忧

足：值得。意谓打了胜仗不要过分喜悦，打了败仗也没必要太过忧愁。

省事饶人，过后得便宜

指不惹是生非，宽厚待人，总会有好报应的。

盛筵必散

即使再盛大的筵席，也有散场的时候。意谓再富贵的生活，也不可能长久，总有到头的时候。

失败是成功之母

指善于从失败中汲取教训，是事业成功的法宝。

失之东隅，收之桑榆

东隅，指早晨；桑榆，指日暮。在早上失去的，在日暮时又得到了。比喻开始失败了，但后来又获得了成功。

十磨九难出好人

好人：杰出的人才。说明只有通过磨难才能锻炼出杰出的人才。

十年窗下无人问，一举成名天下知

读书人十年苦读无人问津，一旦成名众人皆知。意谓只看到别人成功，而没有看到别人背后的付出。

十月怀胎，一朝分娩

一朝：一天。分娩：生孩子。怀胎需要十个月，生孩子只是一会儿的事。比喻在成功之前，需要做大量的准备工作。

石子扔到河里，大小总可以听到个响声

意谓付出总会有收获。

时不可失

比喻好时机来之不易，不可轻易失去。

时不可失，机不再来

指时机难得，不可错过，一旦错过，就不会再有。

时到天亮方好睡，人到老来才学乖

指人老了，积累了丰富的为人处世的经验，就会变得乖巧。

时来顽铁有光辉，运去黄金无颜色

指运气好时连锈铁都会散发出光彩，运气不好时连金子也黯淡失色。比喻时运决定人生的兴衰祸福。

时来易觅金千两，运去难赊酒一壶

觅：找到。赊：赊欠。运气来到时千两黄金也容易得到；运气不好时一两酒也赊不出来。

时来运到推不开，元宝自己上门来

古时候认为运气到来时，财富就会跟着来。

时势造英雄

指英雄人物都是社会环境造就的。

时衰鬼弄人

衰：倒霉。运气不好的人，连鬼都会捉弄他。比喻人在倒运时受尽欺辱。

屎不揭不臭

屎若不搅动，就不会散发出臭味来。比喻丑恶的事情不张扬或不被揭露，就没人知道。

世上没有事事都舒心的人

指任何人都有不顺心、不如意的时候。

事到万难须放胆

指在遇到最困难时，不如放开胆子，什么都不怕，反而能找到出路。

事在人为，路在人走

指事情的成功与否往往取决于人的主观努力。

势不可使尽，福不可享尽

指权势不可以用绝，安逸不可以享尽。比喻凡事要留有余地，物极必反。

是福不是祸，是祸躲不过

古代认为人的祸福由上天注定，是福分的不会变成灾祸，是灾祸就躲不过去。

收船好在顺风时

收船：收起船上的风帆。收帆应在顺风时收，遇到逆风很难落下来。意谓人要见好就收，做事情要在顺境中结束。

受不了委屈，成不了大事

说明成就大事，必须有很大的度量。

受伤的蛤蟆都要蹦三蹦

意谓再软弱的人受到伤害也要奋起反抗。

瘦骆驼强似象

比喻大户人家即使家道衰落，也比一般人家富裕。也比喻有权有势的人即使丧失权势，也比一般人有手腕。

瘦牛不瘦角

牛再瘦，牛角也不会瘦。说明即使贫困人家，办事时也要讲体面。

输得自己，赢得他人

赌钱时只有不怕输钱，才能赢钱。比喻敢于付出代价，才能有所收获。

输理不输气，输气不输嘴

输了理不服气，气势上输了嘴上还不服输。指人好胜心强，不肯服输。

输赢无定，报应分明

说明输赢虽然不一定，报应却是准有的。

树大招风，名高招忌

树大了，自然就会招风；名气大了，别人就会忌妒。

树大招风，钱多惹事

树大了容易招来大风；钱多了容易招惹麻烦。

树有皮，人有脸

树有树皮，才能成长，人有脸面，才讲尊严。

摔跤也要向前倒

意谓即使遇受挫折，也要继续前进。

摔了个跟头，拾了个明白

虽然遭受了一次挫折，但获得了一个经验。

摔一个跟头,识一步路程

意谓遇一次挫折,就长一分见识。

谁笑到最后,谁笑得最好

指胜败要看最后的结果,取得最后胜利的才是真正的强者。

谁种狂风,谁收暴雨

比喻谁做的事情就要由谁承担后果,说明好心才能有好报。

水罐水罐,碎在井沿

水罐常常在井里打水,总有一天会在井沿碰碎。比喻经常冒险,总有摔跟头的一天。

水火不留情,遭灾当日穷

说明水灾、火灾破坏力极大,会造成贫穷等严重的后果。

水激石则鸣,人激志则鸿

水拍到石崖上会发出声音;人受到激励会发奋图强。

睡多了梦长

睡觉时间长了,做梦的时间就长。比喻事情拖得太久,容易出现不测。

顺风行舟易翻船

说明人在顺境中做事,容易疏忽大意,导致失败。

私心重,祸无穷

指人私心太重,就会给自己带来很多祸患。

思想对了头,一步一层楼

指想法正确,工作就会有很大的成绩、也指端正了态度,就会有很大的进步。

死后方知万事休

人死了之后才知道什么事都已结束,比喻生命短暂,人应该超脱一些。

死了死了,人死就了

了:完毕,结束。指人一死,什么事都了结了。

死者不可复生

劝慰人不必为死者太过悲伤。说明人不能轻生。

虽有智慧,不如乘势

指即使才智超群,也不如乘着有利的形势去做事,更容易成功。说明事业的进步,时机很重要。

T

逃得了今朝,逃不过明朝

指面对危难躲避一时可以,但最终有躲不过的时候。

逃生不避路,到处便为家

指人逃命时,顾不上选择道路,逃到哪儿哪儿就是家。

讨便宜处失便宜

打算在什么地方占便宜,往往会在什么地方吃亏,说明人不能贪图小便宜。

讨饭三年懒做官

讨饭时间一长,懒惰成性,连做官都不想当。

讨米讨得久,定会碰到一餐酒

讨饭的时间久了,一定会碰到吃酒席的机会。也指只要坚持不懈地做一件事情,总会遇到好的机遇。

天不能总晴,人不能常壮

指人不可能总是健壮,天气不会一直晴朗。比喻生活中发生不测之事是在所难免的。

天不生无路之人

世间没有找不到出路的人。指境遇再艰难,也会有出路的。

天高任鸟飞,海阔凭鱼跃

比喻人在广阔的天地里,可以尽情施展才华,发挥作用。

天没有总阴,水没有总浑

天气不会总是阴天,河水不会总是浑浊。比喻处于困境中的人,总会有找到出路的时候。

天上神仙府,人间帝王家

指帝王的生活非常豪华,就如同天上神仙一样。

天生人,地养人

说明人在世上总有办法存活。

天塌不下来

指没有什么大不了的事情。常用来劝慰过分担忧的人。

天塌了有地接着

不论出了多大的问题,都会有相应的办法来解决,不必惊惶失措。

天塌压大家

天塌下来,大家都会被压住。比喻人人遭受灾难,不必独自忧愁。

天塌有高个儿,水淹有矮子

天塌了,先压高个子;水满了,先淹矮个子。说明不论出现什么坏事情,总会有人支撑。

天无百日雨,人无一世穷

人不可能一辈子贫穷,就像天不会总下雨一样。指事物总是在不断变化发展。

天无绝人之路

上天有好生之德,不会让人走投无路的。指处境再艰难,只要想办法,总会找到出路的。常用来鼓励处于困境中的人不要悲观失望。

天下本无事,庸人自扰之

庸人:平庸的人。世上本来平安无事,是平庸的人自找麻烦。意谓许多不该发生的事情都是自己找麻烦引起的。

天阴总有天晴日

指事情不会总是处于困境中,总会有好转的一天。

天有不测风云,人有旦夕祸福

旦夕:早晚,指时间的短暂。祸福:单指祸。祸事难以预测就像天气一样变化无常。

天有时刻阴晴,人有三回六转

指人的生存道路是曲折的,如同天气一样时阴时晴。

田鸡要命蛇要饱

田鸡:青蛙。青蛙为了活命要逃跑,而蛇为了吃饱肚子要吃掉青蛙。说明世间万物都为生存而挣扎。

甜从苦中来,福从祸中生

只有经历了苦才有甜,只有摆脱了祸才有福。

铁匠门上没关子,木匠门上少栓子

铁匠忙于给别人打铁,自己家里的门上却没有铁门关;木匠整天给别人做木工,而自己家里却没有木门栓。指古时候穷苦的劳动人民,只能付出劳动,却无法享用自己的劳动成果。

铁树也有开花日

意谓再难办的事情也有办成的希望。

听不得雷声,经不得风雨

假使连雷声都不敢听,必然经不住风雨的袭击。比喻受不了小的危难,也就不可能承受大的艰险。

同人不同运,同伞不同柄

说明人的命运有好有坏,各不相同。

同舟要共济,万难化为夷

济:过河。难:祸难。夷:平安。只要同心协力患难与共,就一定能战胜各种灾难,化险为夷。

铜盆碎了斤两在,大船破了钉子多

比喻家道虽然衰落,但还会有一些家底。

头回上当,二回心亮

吃亏后汲取教训,便会使人聪明。

投亲不理,投友不顾

比喻人遇到困难、穷困潦倒的时候,亲戚朋友都不理睬、不照顾。

兔死因毛贵,龟亡为壳灵

因为兔子皮毛贵重,乌龟壳占卜灵验,所以遭捕杀。说明人常因为有某种特殊优点而招致祸害。

兔子急了也要咬人

兔子饿到难以忍受的地步也会咬人。比喻人被逼急了,就会铤而走险,什么事都能干得出来。

W

外头赶兔,屋里失獐

在外面追赶兔子,家里的獐子却丢失了。比喻为了得到外面的小好处,却失去了本应该属于自己的大利益。

弯扁担，压不断

说明为人处世要能屈能伸，能软能硬，过于直率容易招致灾祸。

弯尺画不出直线来

比喻心术不正的人，做不出好事来。

弯树枝儿掰不直，犟脾性儿改不了

指人的性格难以改变，就像弯曲的树枝掰不直一样。

弯着腰干活，直着腰走路

意谓干活要勤奋，做人要正派。

万事不由人预料

说明人生万事复杂多变，难以预测。

王八好当气难出

指受窝囊气是最难以忍受的。

为人莫作妇人身，百年苦乐由人定

百年：一生。古时候认为妇女地位地下，受压迫欺凌，一生的苦乐都由他人决定。

为政犹沐也，虽有弃发，必为之

为政：处理政务。沐：洗头发。处理政事就像洗头，头发虽有脱落，却有利于新发再生。比喻为政虽有弊端，却非常必要的。

未归三尺土，难保百年身；已归三尺土，难保百年坟

指人活着和死后都不能确保自己平安无事。

未穷先穷，永世不穷；未富先富，永世不富

在家道衰落之前节俭，一生都不会贫穷；在家业富足之前奢侈，永远也富裕不起来。

文火煨牛筋

文火：微弱的火。煨：用小火慢慢地煮。牛筋要用文火慢慢地煮烂。说明对待顽固不化的人，必须耐心地劝说。

无祸便是福

没有灾难就是福气。

无禁无忌，黄金铺地

禁忌：迷信认为犯忌的话和行为。说明只要不相信迷信中所讲的禁忌，自然会家道富足。

无立锥之地

连插锥子的地方都没有。比喻贫困到了极点，无处安身。

无奈无奈，瓜皮当菜

在没有出路的时候，瓜皮也可以当菜吃。比喻人无能为力时，只能降低标准，委曲求全。

无颜见江东父老

指因无所成就而感到羞愧，没有脸面回去见家乡故人。

无与祸邻，祸乃不存

不与祸事发生关系，就可避免祸害发生。

X

喜事难成双，霉事偏成对

说明幸运的事很难一起来到，倒霉的事情却常常一个接一个地来。

呷得三斗醋，做得孤孀妇

呷：喝。孤孀妇：寡妇。比喻人要有一定的承受磨难的勇气。

下了山的老虎不如狗

虎在山中是群兽之王。一旦它来到平川，便不比狗有更多的用武之地。比喻持掌权贵的人一旦失势就连普通百姓也不如了。

下坡不赶，次后难逢

指机不可失，时不再来。

下坡容易上坡难

比喻人学坏容易，学好却很难。

先苦后甜，幸福万年

指吃苦在前，享受在后，这样才能幸福一生。

先下米，先吃饭

比喻做事情早动手，成功也就早到来。

香饵之下，必有死鱼

比喻利益的诱惑常常使人铤而走险。

想治疮不能怕挖肉

意谓要办成一件事情，必须要付出相应的代价。

小财不去，大财不来

指要想得到大的收获，必须舍得付出。

小壶里的水开得快

比喻集中精力做事，就会很快取得成功。

心静自然凉

指只要心里平静，就是在很热的天气里，也会感到凉快。

心宽体自胖，饱暖生是非

指知足的人心宽体胖，而有的人吃饱穿暖后就会生出别的欲望，惹出是非。

心强命不强

主观的努力不如机遇缘分更重要。

星随明月，草随灵芝

比喻才智一般的人应该跟随杰出者。

行船最怕顶头风

指船只行驶最怕遇到逆风。比喻做事情最忌讳遇到当头的困难。

行善获福，行恶得殃

说明善有善报，恶有恶报。

秀才造反，三年不成

说明秀才只有书本知识，没有社会经验，想造反也很难成功。

压大的力，吓大的胆

力量是在压力下造就出来的，胆识是在危难中锻炼出来的。比喻人在艰难困苦的环境中会变得更有胆略。

严霜偏打独根草

独根草：泛指处境孤独的人。形容灾难偏偏降到孤独可怜的人身上。

眼泪灭不了火

指遇到危险情况，流眼泪并不能解决面临的问题。

眼里识得破，肚里忍不过

指即使看穿别人设置的圈套，但最终因饥饿难忍而向别人委曲求全。

咬着石头才知道牙疼

形容碰了钉子之后才真正知道失败的滋味。

要人说句好，一世苦到老

人活在世上，要落得一个好名声是非常不容易的。

要想有所得，必先有所失

比喻没有付出就没有收获。

夜长梦多，好事多磨

时间拖久了，事情就会发生意外；好的事情在成功之前往往会经历许多挫折、磨难。

一场官司一场火，任你好汉没处躲

指打一场官司就像遭受一次火灾一样，即使是有能耐的人也躲不过这种劫难。

一朝被蛇咬，十年怕井绳

比喻遇到一次危险，以后很长一段时间遇到这种情况都会担心害怕。

一家不知一家苦

一个家庭不了解另一个家庭生活的困难。

一人有福，带挈一屋

挈：携带。一个人有福，一家人都跟着享福。

一人造反，九族全诛

造反：反叛朝廷。九族：一般认为是指高祖、曾祖、祖、父、自己、子、孙、曾孙、玄孙等直系亲属。诛：杀。古代朝廷把造反定为第一等罪，常常是一人造反就要灭尽九族。

一文钱难倒英雄汉

文：量词，用于旧时的铜钱。意指在紧要关头，英雄好汉也会因为缺少一文钱而着急为难。

衣来伸手，饭来张口

比喻什么事都不想做，只等坐享其成。

因祸得福，事在人为

指把坏事变成好事，全凭人的努力奋斗。

阴也有个晴，黑也有个明

指事情总会从阴暗转向光明。劝诫人们在不利的环境下不要灰心丧气。

英雄难过美人关

古时候指英雄也难以抵挡美色的诱惑。

有得必有失

指从来没有不付出代价的收获。

有的不知无的苦

指有钱的人不知道穷人的困难。

有福之人不用忙

指真正有福气的人用不着忙碌便能得到钱财。

有钱难买背后好

能得到别人在背后的夸奖是非常不容易的。

有心栽花花不开，无心插柳柳成荫

比喻一心想成功却落得两手空空，无心思想要收获，成果却偏偏来到。

越热越出汗，越冷越打战；越穷越没有，越有越方便

指情况好时会越来越好，不好时会越来越糟。

运到时来，铁树花开

比喻运气好时，什么事都能办成。

运去黄金减价，时来顽铁生光

运：运气。顽铁：坚硬的铁。比喻运气好时事事顺利，运气差时处处碰壁。

Z

栽林养虎，虎大伤人

比喻对坏人姑息养奸，迟早会遭到祸难。

宰相家奴七品官

宰相府的仆人也抵得上七品官职。指主子地位显贵，奴才地位也随之增高。

再平的路也会有几块石头

比喻生活总会遇到许多挫折，不会一帆风顺。

遭劫好躲，在劫难逃

劫：打劫。数：劫数，在佛教里面指注定要发生的大灾难。意思是遭人抢劫还可以躲避，注定的祸难却无法逃离。

早上梁山是英雄，晚上梁山也是英雄

比喻只要能够成就功业就是英雄，不论早晚。

造车的多步行

指老百姓往往不能享受自己的劳动成果。

贼口出圣旨

被盗贼口供咬定的人没啥可说的,如同圣旨一样,一旦宣布便没有回旋的余地。

真穷好过,假富难当

意谓穷人就踏踏实实过日子,冒充富家奢侈浪费是很难有所作为的。

只有不快的斧,没有劈不开的柴

比喻工具不好,方法不当,事情很难做好;工具得心应手,方法对头,就一定能把事情做好。

智者千虑,必有一失

再聪慧的人也难免有失误的时候。

种菜的老婆吃菜脚,做鞋的老婆打赤脚

意思是自己的劳动成果,劳动者往往享受不到。

猪肥了腰粗,钱多了气粗

猪肥了,腰就粗;人富了,脾气就大。

捉鹌鹑还要个谷穗儿

鹌鹑:一种不善飞的小鸟。指无论做什么事都要付出一定的代价。

捉鳖不在水深浅,只要遇到手跟前

鳖:形状像龟的爬行动物,俗称王八。比喻做事的成败全凭机遇是否到来。

自酿苦酒自己喝

指因为自己的错误行为而造成的祸害,只能由自己去承担。

自然来的是福,强求来的是祸

顺其自然便能得到幸福;强求得到的是祸难。

自作孽,不可活

孽:灾祸。指因自己邪恶行为造成的灾祸是不可饶恕的。

纵有百日晴,也有一日阴

比喻人生在世不可能处处顺心,总会有遇到挫折的时候。

走马有个前蹄失,急水也有回头浪

比喻做任何事情都难免会遇到挫折。

走一步说一步

意谓在处境危难时,不宜考虑得很长远,只能先关注眼前的问题。

坐儿不知立儿饥

坐享其成的人不会了解贫苦人的生活有多么困苦。

坐轿子的是人,抬轿子的也是人

说明人与人应该平等对待,不应有高低贵贱之分。

卷十二　生理　保健　健康

A

爱笑者，心不衰；善保养，身不老

意思是乐观的人，心理就不会衰老；善于保养的人，身体就会充满活力，不会衰老。

安定病人心，疾病去七分

指解除病人的精神痛苦，对缓解病情有很好的帮助。

安谷则昌，绝谷则亡

比喻病人能吃得下饭，身体就会很快康复；吃不下东西，生命就不会长久。

B

八十不稀奇，七十多来兮，六十小弟弟

说明随着社会发展，人的寿命也在逐渐提高。

拔拔火罐，病好一半

说明拔火罐是一种很好的治疗手段。

百病从脚起

中医观点认为脚底有涌泉穴与心相通，最易着风寒。意思是人的许多疾病都与脚受风有关，所以要注重对脚部的保护。

百病可治，相思难医

相思：思念，泛指男女因相互爱慕又无法接近而引起的思念。指各种疾病中，相思病最难医治。

饱食伤心，忠言逆耳

指吃得过饱，容易损害身体；良言相劝，听着不顺耳。

蹦蹦跳跳筋骨壮，萎萎缩缩百病生

形容运动会对身体有好处，而萎靡不振只会对身体造成损伤。

避色如避仇，避风如避箭

指躲避女色就像躲避仇人，躲避寒风如同躲避利箭。也指贪图女色会伤害身体；风邪侵入人体会引起疾病。

病不除根，遇毒还作

指疾病不彻底铲除，遇到不利因素还会发作。比喻有问题若不彻底解决，必将留下后患。

病不瞒医

指病人要向医生真实说明自己病情。

病床前的人都挂三分病

意思是照顾病人的人由于焦虑和劳累,也都面带病状。

病从口入,祸从口出

生病常常是由于饮食不讲卫生,祸患往往是由于说话不小心。意在说明防病要注意饮食卫生,避祸要谨慎说话。

病笃乱投医

笃,指病情很重。病情加重的时候就会乱找医生看病。意谓出现问题时,往往盲目地到处乱求人帮助。

病急乱投医

病情严重时就会盲目找医生。比喻遇到危急事情就乱找方法解决。

病加于小愈

指病人往往因为病情好转而大意,从而使病情加重。意思是说,在任何时候对待病情都不可疏忽大意。

病来如山倒,病去若抽丝

指疾病来势凶猛,顿时就使人陷入痛苦之中;而使身体恢复健康却很慢。也通常比喻学坏容易,学好难。

病来如山倒,不如预防早

意思是说由于疾病发作的时候非常迅速,因此要早作防范。

病人不忌口,枉费大夫手

假如人在生病的期间不注意合理膳食,那么治病的效果就不会好。

病人心事多

指人在得病期间的心理压力很大,容易想些乱七八糟的事。

病僧劝患僧

比喻有同样遭遇的人互相安抚、劝慰。

病无良药,自解自乐

说明治病没有什么灵丹妙药,病人自己思想开朗,情绪乐观,病情就会好得快。

病有四百四病,药有八百八方

意思是说疾病虽然多种多样,但治病的良药更多。通常比喻解决问题有很多方法。

不除病邪,不能治本;不经风雨,不能强身

指不能根除病痛,就不能医治好身体;不加强锻炼,就不能增强体质。

不懂望闻问切,怎辨虚实寒热

望闻问切:中医诊断病情的方法。望是观察病人的发育情况、面色、舌苔、表情等;闻是听病人的说话声音、咳嗽、喘息,并且嗅出病人的口臭、体臭等症状;问是询问病人自己所感到的症状,以前所患过的疾病等;切是用手诊脉或按腹部有没有痞块。意思是如果医生不懂望闻问切的方法,怎么能知道病人的病因,怎么能医治好病人?

不服药,胜中医

指生病时不吃药,靠自身的免疫系统去抵抗也是一种治疗方法。也指用药要十分小心。

不干不净,吃了没病

古时候指吃东西不必太讲卫生,抵抗力强了不容易生病。此谚虽然不符合现代卫生观点,但也说明一个道理,平常生活中不必过于讲究,这样倒可以增强身体的免疫力。

不生气,不犯愁,无痛无灾到白头

白头:指年老。指遇到问题不要生气、忧虑,这样就可以快乐健康地活到老。

不说不笑,不成老少

说明老年人和年轻人之间不应拘束,在一起说说笑笑才显得气氛融洽。

不为良相,当为良医

相:宰相,古代辅助君王掌管国家大事的最高官员。意思是说即使做不了好的宰相,也要当一名好的医生。意谓人的一生,应该济世利民。

C

茶喝多了养性,酒饮多了伤身

指茶喝多了可修身养性;酒喝多了伤害身心健康。

柴多入灶塞死火,药量过重吃坏人

指柴可燃烧,但往灶里填得太满会把火压灭;药虽然可治病,但用量过大反会伤害身体。比喻用人或物过犹不及。

产前病,手弹弹

指女人生孩子前一段时间里,身体得病是正常现象,用手摸一摸感觉就会好。

常病无孝子

意思是说长期病卧不起,就连亲生儿子也会变得不孝顺。

趁我十年运,有病早来医

趁我这些年里医运正好,有病的人及早来就诊,一定会手到病除。通常比喻抓住机遇,将会收到事半功倍的效果。

吃得邋遢,做个菩萨

邋遢:不整洁。菩萨:这里比喻健康长寿。古时候指饮食不讲求卫生,反而能使人增强抗病力,使人长寿。

吃饭少一口,睡觉不蒙首

意思是饭不要吃得太饱,睡觉的时候不要把头裹在里面,这样有利于健康。

吃五谷杂粮,保不住不生病

说明人只要活着,就难免会得病。

吃药不如自调理

指吃药有副作用,不如自己加强调养身体。说明自我调理比吃药更有效。

虫草鸭子贝母鸡

虫草:冬虫夏草,滋补品。贝母:多年生草本植物,鳞茎入药,有祛痰、止咳等功效。意思是说用鸭子和虫草、鸡和贝母煮出来的汤是很好的滋养保健品。

愁人莫向愁人说,说与愁人转转愁

意谓有了愁事不要向有苦难的人诉说,不然就会与愁人同病相怜,愁上加愁。

愁一愁,白了头;笑一笑,十年少

意思是忧愁、烦恼让人过早衰老,快乐能使人青春焕发。

愁最伤人,忧易致疾

意思是忧愁能导致疾病,使身心受到伤害。

臭鱼烂虾,得病冤家

指吃了臭鱼烂虾,最容易生病。

出气多,进气少

吐出来的气多,吸进去的气少。用来比喻病情危重、濒临死亡。或支出多、收入少。

穿山甲,王不留,妇人服了乳长流

穿山甲:哺乳动物,全身有角质鳞甲,鳞片可入药,有止血、消肿、催乳等功效。王不留:又叫王不留行,一年生草本植物,种子可入药,能消痈下乳。意思是说穿山甲和王不留是催乳、下奶的良药。

疮口出了脓,比不长还受用

受用:这里指身体舒服。指疮口成熟破裂流出了脓,比没有长疮时还要痛快。

疮怕有名,病怕无名

疮:皮肤肿起或溃烂的疾病。指有名的疮和说不出名的病最难治愈。

床上无病人,狱中无罪人,即是天下福人

意思是说一个家庭如果没有病卧不起的病人和犯罪入狱的人,就是一个美满的家庭。通常指人要知福惜福,不要过分强求。

床上有病人,床下有难人

指床上有一个卧床不起的病人,家人就会非常难过。

从未伤心不得死,花残叶落是根枯

通常指人心受到严重伤害,毫无生活的趣味,容易导致人的死亡。

粗茶淡饭保平安

意思是粗茶淡饭,有利于身心健康。

D

打拳练身,打坐养性

打坐,指静坐。运动能强身健体,静坐能修身养性,二者对身体都有益处。

大病要养,小病要抗,无病要防

抗:抵抗。说明对付疾病要有针对性。也比喻做事情要有针对性,不要盲目行事。

大病用功,小病用药

功:这里指时间。指大病要经过长时间的用心调养,小病要及时吃药治疗。

大饿不在车饭

车饭:一车饭,形容饭多。指饥饿过度的人,要适量进食,吃得过多会对身体造成伤害。

大汗后,莫当风,当风容易得伤风

意思是出了许多汗时,避免风吹,否则容易得伤风感冒。

大饥而食宜软,大渴而饮宜温

指人在极度饥渴的情况下,应当吃软食,喝温水。

大蒜百补,独损一目

指大蒜营养丰富,能治百病,但吃多了会伤害眼睛。

大灾之后必有大疫

指大的自然灾害之后,必将有疫病流行。

单方一味,气煞名医

单方:民间流传的药方。意思是民间流传的药方,常常能治好一些疑难病症,使名医都自叹莫及。

耽误一夜眠,十夜补不全

指一夜不睡觉,身体乏力,长时间补不回来。意谓夜间睡眠很关键,一定要得到保证。

弹打无命鸟,药治有缘人

弹弓打死的鸟,是命中注定该死的鸟;医药治好了病,是人命中该活的。古代指人的缘分命运,皆有定数。

刀疮药虽好,不割为妙

尽管有很好的治疗刀疮的药,但还是不受伤为好。

刀伤好治,舌伤难医

舌伤:口舌造成的伤害。通常指言语对人的心理创伤。肉体的创伤很容易治疗,而由他人的恶言恶语造成的内心伤痛却很难治愈。

得谷者昌,失谷者亡

谷:泛指粮食。意谓人能吃上粮食,身体自然康健;要是绝了饭食,生命也就难保。

冬吃萝卜夏吃姜,不找郎中开药方

意思是冬天多吃萝卜,夏天多吃生姜,便可以保持健康,不必看病吃药。

冬令进补,立春打虎

意思是冬天要用高档保健品滋补身体,春季到来时就会身强力壮,精神抖擞。

肚大如柳斗,神仙难下手

肚大:指患臌症肚子大。指臌症病患者肚子大到和柳斗一样时,那是连神仙也治不好的。也指臌症难治。

断酒自首,埔糟而朽

埔糟:吃糟酒。指断酒不饮能长寿到白头,乱喝酒会使人体弱多病。

E

蛾眉皓齿,伐性之斧

皓:洁白。伐性之斧:这里指危害身心的事物。意谓沉溺美色对身体健康损伤很大。

恶贯不可满,强壮不可恃

恃:依靠。指坏事做多了,必然会遭报应;一时的强壮靠不住,再强壮的身体也经不住女色的折磨。

饿不死的伤寒,吃不死的痢疾

指得伤寒的病人少吃点没关系;得痢疾的病人多吃对身体会有益处。

饿则思饱,冷则思暖,病则思健,穷则思变

意思是肚子饿了想吃饱饭,身体冷了想着取暖,得了病才知道健康的好处,处于困境就要设法谋求改变。

耳不听,心不烦

耳朵听不见,心里也就不会烦恼。意思是不愿听那些使人不高兴的消息或言语。

F

凡药三分毒

意思是药里都含有一些对身体有害的物质,服用过量会起副作用。

饭菜嚼成浆,身体必健康

指细嚼慢咽,能减少胃的压力,有助于消化,对身体健康也非常有利。

饭后百步,不问药铺

指饭后多散步,有利身体健康,没必要到药铺买药。

饭后百步走,活到九十九

意思是吃过饭后经常散步,有助于消化吸收,对健康很有好处。

饭前便后要洗手,各种病菌不入口

手是传播病菌的媒介,尤其要注意手的干净卫生。

饭养身,歌养心

饮食能保障身体健康,唱歌能保持心神愉快、舒畅。

防病于未然

预防得疾病,要在未发病之前多注意。

房劳促短命

意思是房事过于频繁,对精气有损伤,会使人减少寿命。

疯狗咬人无药医

疯狗,指患狂犬病的狗。意谓疯狗咬了人,传染狂犬病,无药医治而致死亡。也比喻恶人对好人的陷害,十分毒狠。

疯痨臌膈,阎罗王请的上客

古代认为得了疯、痨、臌、膈等病的人,无药治疗,只能等待死亡的来临。

夫病而娶妇，则有勿药之喜

勿药：不用服药。古时候指男子得了病，通过结婚大喜，不用吃药，也能使病情好转，就是平常说的“冲喜”。

伏天吃西瓜，药物不用抓

热天吃西瓜可解暑降温泻火，有益健康，免去了吃药的痛苦。

服药求神仙，多为药所误

古时候人们吃灵丹妙药希望长寿，结果反而被药所陷害，甚至为此葬送了性命。

G

各人害病，各人吃药

意思是自己得了病要自己买药吃。意谓自己做错了事情，只有自己认识到，凭自己的力量才能改正。

公道世间惟疾病，贵人身上不轻饶

只有疾病是世间最讲道理的，即使是贵人，同样也不会放过他们。

关节酸痛，不雨必风

意思是人身体的关节有时会随着天气的变化而产生反应。

关门卖疥药，痒者自来

疥：一种传染性皮肤病，刺痒无比。指关起门来卖治疗疥疮的药，自会有痒得难受的人找上门来。比喻手中掌握紧要物品，需要的人会想尽办法找来。

官不差病人

指当官的也不轻易差使生病的人去做事。

归为官人，病为死人，留为番人

番人：外国或外族人。指南宋建炎年间，随军征战异国的人，能顺利回来的都能当官，生病的大多都死了，没有回来的成了外族人。

过了七月半，人似铁罗汉

农历七月十五过后，炎热的天气不见了，气候渐渐转凉，秋粮开始登场，农民可以吃饱饭，身体强壮得像铁罗汉一般。

H

孩子不避父母，病人不避大夫

孩子在父母面前不必隐瞒任何事，病人在医生面前不要隐瞒病情。

寒从脚底来

指人的寒冷首先是从脚底感觉到。中医认为脚底有涌泉穴与心相通，寒气最容易侵入。

汗水没有落，莫浇冷水澡

指满头大汗时切忌用冷水洗澡，这样对健康很不利。

好汉只怕病来磨

再坚强的英雄好汉也难以抵挡疾病折磨。

好酒除百病

古代认为酒有许多治病的功效。此谚语常被用来做喝酒人的借口。

好人不长寿,祸害一千年

祸害,这里指坏人。好人偏偏死得早,坏人却老死不了。意思是好人过早地离开人世,应感到惋惜。

喝冷酒,使官钱

意思是喝冷酒伤胃,容易得病;行贿受贿犯法,必受严惩。

禾怕寒露风,人怕老来穷

指禾苗遇到寒露将枯萎,经不住寒风;人到晚年,体弱多病,丧失了劳动能力,生活艰难困苦。

禾怕枯心,人怕伤心

指禾苗的心枯萎了很难生长,人伤了心很难恢复。

恨病用药

要想疾病好得快,必须保证一定的药量。

厚味必腊毒

腊:极其。指特别甜美的食品会损害健康。说明味道鲜美浓厚的食物往往会含有毒素。

换汤不换药

指只换了熬药的水,所熬的药却没换。比喻只改变形式,没改变内容。

黄金有价药无价

黄金即使贵重也有固定的价格;良药能挽救人的性命,和黄金比起来,更贵重。

黄泉路上无老少

黄泉:指人死后的葬地。意谓人死不论年龄大小。

黄鼠狼偏挑病鸭儿咬

形容灾祸偏要降临在原本已经很不幸的人身上。

活动好比灵芝草,何必苦把仙方找

说明坚持运动是最好的保健方法,比灵芝还宝贵。

J

饥梳头,饱洗澡

古代认为梳头应该在饭前,饭后适宜洗澡。

急脱急着,胜如服药

随着天气的变化而及时增减衣服,可使身体保持健康,此种方法比吃药还有效。

家无十年粮,休去背药箱

古时认为家里经济不富裕,就不要去当医生。意思是医生辛苦,无力照顾家。

见食不抢,到老不长

意思是吃饭的时候没有胃口,身体不会健康,老了身体也不会强壮。也指胃口好是长寿条件之一。

荐贤不荐医

指推荐人只推荐贤士,而不推荐医生。意谓医生给人治病,是人命关天的事,给人推荐医生容易招惹麻烦。

贱买鱼不如贵买菜

指买便宜的烂鱼吃了容易生病,还不如买贵一点的新鲜蔬菜有益健康。

匠不富,医不长

古时候指作工匠的不会富裕,当医生的寿命都不长。

九折臂而成医

九:这里指多次。指多次折断胳膊的人就会成为治疗断胳膊的医生。意谓得同样病的次数多了对病情非常熟悉,用什么药也明白,可以成为这方面的专家。

久病成名医

指得病时间久了,在治疗过程中可以学到不少医疗常识,逐渐成为这方面的医生。比喻对某一问题接触多了,就可以熟悉它掌握它,逐渐成为这一方面的内行。

救病扶危是善举

指救助病人与扶助处在危难之中的人是一种慈善的举动。

K

苦药利病,苦口利用

意思是药虽苦,对治病很有利;劝诫的话虽不好听,却有利于今后的行动。

裤带长,寿命短

裤带长:指肥胖的人肚子大。形容过于肥胖的人,寿命往往不长。

狂大夫没有好药

意思是狂妄、喜欢吹牛的医生没有真本领,治不好病。

L

劳动强筋骨,无病便是福

意思是劳动能强身健体,不生病便是福分。

痨病怕过秋

痨病:中医指结核病。古时候痨病无法医治,到了秋天气候变冷,病人性命更是难保。

老不与少争

老年人没必要和年轻人斤斤计较。

老的别惹,小的别逗

指老人和小孩逗惹不得,也指尊老爱幼。

老黄忠不减当年勇

意思是人虽年老,但精神等各方面都跟年轻时一样。

老健春寒秋后热

意思是老年人的健康像春天的寒冷、秋后的闷热那样,不会很长久。

老医少卜

意思是治病应找年纪大的医生,占卜算卦应找年轻人。

乐观出少年

比喻精神乐观可保持青春。

冷水洗脸,美容保健;温水刷牙,牙齿喜欢;热水洗脚,如吃补药

指用冷水洗脸,对皮肤和身体都有益处;用温水刷牙,对牙齿有好处;用热水泡脚,如吃补药一样有益健康。

梨百损一益,木瓜百益一损

吃梨对人的健康害多益少,吃木瓜益多害少。

力士怕黄金,财主怕穷汉,穷汉敌不过阎王势

指大力士怕黄金收买,有钱的人怕穷人造反,穷人逃不过生老病死。比喻各类人都有担心的事。

良药苦于口而利于病,忠言逆耳而利于行

指药吃起来虽苦,但能治病;真诚的劝告听起来不好听,但有利于端正言行。

良药难治思想病,好话难劝糊涂虫

指再好的药物医治不好精神上的疾病,真诚的劝慰开导不了糊涂的人。

良医成于折肱

肱:胳臂。指胳臂折断了,医治过程中,自己也成了医生。形容切身的经验教训能使人增长见识。

良医救病,庸医害人

意思是医术高超的医生能治病救人,医术低劣的医生会危害人的性命。

留得梧桐在,自有凤凰来

凤凰:羽毛美丽,常栖梧桐树上,古代传说中的百鸟之王。通常指只要保养好身子,以后就有幸福日子到来。

六十不借债,七十不过夜

古时候指人到了六七十岁的年龄,不宜向人借债,也不宜在外过夜,因为朝夕难保。

六十六,不死掉块肉

古时候指人活到六十六岁,即使是不死,也会因体弱多病变得消瘦。

卢医不自医

卢医:指扁鹊,姓秦,名越人,战国时医学家,因家在卢国,故称"卢医"。后泛指良医。指好医生能给别人治病,却不能给自己治病。

鹿老蹄滑,人老眼花

意思是鹿老了四肢不灵活,走路易滑倒,人老了眼睛看不清。

驴倒了架子不倒

比喻患病的人,还能打起精神硬撑。

绿色是一剂良药

指绿化环境,能使人身心健康,也指食绿色蔬菜,可以保持康健。

萝卜上了街，药方把嘴撅

指多吃萝卜对健康有好处，可以预防疾病。

M

卖药者两眼，用药者一眼，服药者无眼

意思是卖药的人最了解药的真假和疗效，开药方的人不完全了解，吃药的人则什么也不知道。

卖嘴的郎中，没有好药

郎中：指中医。说明自夸医术高明的医生，没有治病的真本事。

瞒债必穷，瞒病必死

指隐瞒债务必定受穷，隐瞒疾病必然死亡。

慢病在养，急病在治

慢性病须要注重调养，急性病要赶紧治疗。

没病没灾也算福

古时指穷人没有疾病和灾害就算有福气。

没钱买肚肺，睡觉养精神

意谓没钱买东西吃，就用睡觉来静养身心。

眉好不如耳毫，耳毫不如老饕

指眉头长有长毛的人，不如耳朵长有长毛的人寿命长；耳朵长有长毛的人又比不上胃口好的人寿命长。通常指年龄大的人胃口好能长寿。

美酒不过量，好菜不过食

指酒再好喝也不能喝多了，菜再好吃也不能吃多了，否则会伤害身体。

门神老了不捉鬼

门神：古时贴在门上用来驱邪逐鬼的神像。比喻老年人体力衰退，什么事也办不了，起不了作用。

苗怕虫咬，儿怕娘娇

意谓母亲对子女娇生惯养，不利于子女的成长。

明医暗卜

指看病时要对医生说出真实病情，占卜算命时则不要说明真实情况。

莫饮卯时酒，莫食申时饭

卯时：早晨五时至七时。申时：下午三时至五时。意思是卯时饮酒、申时吃饭，不利于健康。

母健儿女壮，师高弟子强

指母亲身体健康，儿女的身体也会强壮；师傅技艺高明，徒弟的技艺必然高强。

N

内练一口气，外练筋骨皮

意思是练习武功要气脉、筋骨结合，这样才能练出真本领。

男怕出血,女怕生气

古代认为男子出血对身体损害很严重,很难调养过来;妇女生气容易得病。

男怕穿靴,女怕戴帽

意思是男子脚肿,妇女脸肿,是病情恶化的表现。

恼一恼,老一老;笑一笑,少一少

指烦恼使人衰老,欢乐使人年轻。这是因为笑能使人血脉流通,心情好,人就会显得年轻健康;忧愁会使人心情郁闷,常会生病,更容易衰老。

脑怕不用,身怕不动

指脑袋不常运用,就会逐渐变得迟钝;身体不经常运动,关节就要衰退。

能吃就能干

意思是从事体力劳动,饭量大,吃得多,干活就有力气。

能叫挣死牛,也不能打住车

能叫:宁可。意思是宁可把牛累死,也不能让车不行。形容宁可损害个人的健康,也不能让工作停止。

能医病不能医命

意指医师只能治好病,不能挽救人的性命。比喻面对绝症,再高超的医术也无能为力。

年里不老日里老

指老年人在不知不觉中一天天变老。

年轻勤锻炼,老来身体健

年轻时多锻炼身体,到年老时身体也会健康。劝诫人要及早注意锻炼身体。

年少别笑白头人

指少年人不应当取笑老年人。通常也指谁都有老的时候。

宁叫累了腿,不叫累了嘴

指身体劳累一些没关系,但不能因此让肚子饿着。

宁可折本,休要饥损

意思是宁可损失钱财,也不能饿坏身体。比喻宁可使钱财损失,也不能损害身体。

宁治十男子,莫治一妇人;宁治十妇人,莫治一小人

小人:指小孩。古时中医治病,最难的是儿科,其次是妇科。

怒后不可便食,食后不可便怒

指吃饭前后生气发怒,不利于身心健康。

怒气伤肝

发怒伤害肝脏,危害人的健康。意指劝诫人不要经常生气发怒。

怒伤肝,喜伤心

中医认为发怒会损害肝脏,太高兴会损伤心脏。

怒于室者色于市

指在家里生了气,到了外面就不会有好脸色。也指有怒气的人,容易向别人发怒。

P

怕痒怕痛，做不得郎中

指要做医生，就不能因怕病人痒或痛，而不敢医治。比喻要想有所得，就必须付出代价。

枇杷黄，医者忙；橘子黄，医者藏

黄：枇杷、橘子成熟时皮呈金黄色。古时指枇杷在盛夏成熟，那时疾病流行，医生忙于给人治病；橘子入冬成熟，那时不易发病，医生闲居无事。

疲劳过度，百病丛生

意思是体力和脑力的消耗超过一定限度，容易得病。

脾寒不是病，发起来要了命

脾寒：疟疾，急性传染病，发病时时冷时热，头痛口渴。指疟疾虽然不是急病，但发作起来叫人痛苦难忍。

偏方治大病

偏方：也称土方，流传在民间的药方。指偏方常常能医好疑难杂病。

Q

七分补养三分药，七分补养三分觉

对人的健康来说，除了调养以外，睡觉与吃药一样重要。

七十不留宿，八十不留饭

指老年人身体弱多病，所以不能轻易留七、八十岁的老人住宿、吃饭。

七十三，八十四，阎王不叫自个去

阎王：迷信指主管人们寿命的神。古时认为七十三、八十四岁是老年人难以跨越的界限，不在七十三岁时死，就可能在八十四岁时死。

七太公，八太婆

太公、太婆：太公为曾祖父，太婆为曾祖母，这里指高寿之人。古时认为怀胎七个月出生的男孩寿命长，能做太公；怀胎八个月出生的女孩寿命长，能做太婆。

七叶一枝花，深山是我家；痈疽如遇者，一似手拈拿

七叶一枝花：又名重楼金线、蚤休、独脚莲，多年生草本植物，茎单一、直立，叶通常七至九枚，轮生茎顶，顶开一花，野生于山坡林下，或栽培观赏，中医以其根状茎入药，主治痈肿等症。痈疽：中医学病名，因邪毒所致的局部化脓性疾病。指七叶一枝花治疗痈肿等病症，效果非常好。

起得早，身体好

说明早起有益于身心健康。

气大不养人

意思是发脾气不利于身心健康。

气短体虚弱，煮粥加白果

白果：银杏。指喝白果粥对身体虚弱的人很有益处。

气恼便是三分病

意思是人生气恼怒本身就已经生了三分病。

气恼得伤寒

伤寒:中医学病名,广义泛指一般热性病,狭义仅指风寒侵袭体表而成的疾病。古时认为生气恼怒易得伤寒。

千金难买老来瘦

意指人到老年身体清瘦,可以避免体胖的老年人常患的各种疾病。

强长发,弱长甲

意思是身体健壮,头发长得快;身体虚弱,指甲长得快。

憔悴皆因心绪乱,从来忧虑最伤神

憔悴:面容消瘦。心绪:心情。指忧愁烦恼对身体健康最不利。

勤脱勤着,不用服药

指随着季节冷热变化,随时增减衣服,可避免生病吃药。

青菜豆腐保平安

意思是多吃青菜、豆腐,能保证人的身体健康。

清晨叩齿三十六,到老牙齿不会落

每天清晨上下齿相叩击几十次,可以保持牙齿到老不脱落。

请医须请良,传药须传方

指请医生一定要请良医,传药给人一定要传授药方。

穷人无病抵半富

指穷人不害病就称得上半个富翁。意思是穷人得不起病,无病便是最大的幸福。

穷生虱子富生疥

疥:一种以疥虫引起的传染性皮肤病。古时指穷人没有换洗的衣服,身上容易生虱子;富人骄奢淫逸,习性懒惰,容易长疮生疥。

去家千里,勿食萝摩、枸杞

萝摩:植物名,多年生蔓草,一名婆婆针线包,中医以果壳入药,有多种用途,民间以茎、叶作强壮剂。枸杞:植物名,中医学上以果实及根皮入药,有滋补作用。指离家远行,不要吃萝摩、枸杞等滋补壮阳药,以防纵欲伤身。

R

热不走路,冷不坐街

意谓天气炎热时最好不要长时间走路,天气寒冷时最好不要坐在街上。

热水烫脚,顶住吃药

指每天都用热水烫脚,有除病健身的功效。

人不该死终有救

古时认为人要是命里注定不该死,在危险的紧要关头终会有人相救。

人到三十五,半截入了土

古时认为人生不过七十岁,活到三十五,正好离死一半。通常指人到三十五功业不就,也就没啥作为了。

人黄有病,天黄有风

指脸色发黄,是人有病的症状;天色泛黄,是刮风的预兆。

人活六十不远行

古时指人活到六十岁,生命将尽,不宜离家远行。

人活七十,谁不为一口吃食

古时认为人活着,从生到死,都是为了有饭吃。

人活一口气

指人活着就要有骨气,要活得像个人样。

人见稀奇事,必定寿元长

古时认为,人要是见到稀奇罕见的事物,寿命一定会增长。

人老骨头硬,越干越中用

意谓老年人在生活实践中磨炼得非常坚强,遇事靠得住。这是鼓励老年人做事的谚语。

人老猫腰,树老焦梢

猫腰:弯着腰。人上了年纪,身板就直不起来;树老了,枝梢就会干枯。

人老腿先老

说明人老往往先从双腿不灵开始。

人老惜子

指人上了年纪,特别惜爱幼小的孩子。

人老一时,麦老一晌

比喻时光过得很快,转眼间就变老了。

人老易松,树老易空

人老了,凡事容易懈怠,不思进取;就像大树老了容易空心一样。

人老珠黄不值钱

古时认为人年岁大了,就像珍珠放久了变黄一样不值钱。通常指漂亮女子年龄大了,失去了往日的风采。

人怕屙血,地怕种麦

指人屙血损伤身体,地种麦消耗地力。

人怕老来病,禾怕钻心虫

指人上了年纪,体质衰弱,最怕疾病缠身;禾苗生长,最怕钻心虫的侵害。

人生百岁,总是一死

意思是人即使活到一百岁,也逃不过死的那一天。也指心甘情愿地死去。

人是铁,饭是钢

说明人好比是铁,饭好比是钢。通常比喻人必须吃饱了饭才有力气去干活。

人死不能复生

人死了不能再活过来。指生命只有一次,劝人不可轻生。也比喻死是自然规律,劝人不必悲伤。

人死如灯灭

指人死了,如同灯熄灭了一样。比喻人是一切事务的关键,只要人一死,所有的一切都消失了。

人闲生病,石闲生苔

说明人的生活要充实,在有生之年要奋力做事,一旦闲得无聊,就会出毛病,就像石头放久了会生青苔一样。

人有可延之寿,亦有可折之寿

古时认为人的寿命本是上天注定的,但也可以改变,积德行善可延长寿命,作恶就要减少寿命。

人有了心病,猫叫也心惊

说明人如果得了心病,有一点儿惊吓都受不了。

若要安乐,不脱不着

意谓要想平安不生病,切不可在天气乍冷乍暖时更换衣服。

若要小儿安,常带三分饥与寒

意思是想要小孩儿平安不生病,不能让他吃得过饱,穿得过暖。

S

三百六十病,惟有相思苦

意谓在所有的疾病中,只有相思病最叫人难熬。

三餐莫过饱,无病活到老

指一日三餐不要吃得过饱,这样可以益寿延年。

三分吃药,七分调理

调理:调养护理。想让病快点好,三分在于吃药,七分在于调养。比喻人生病尽管需要吃药,但精心调养更为重要。

三十人找病,四十病找人

指三十岁时身体强健,不容易得病;四十岁时身体渐渐衰弱,疾病会慢慢入侵。

三十似狼,四十似虎

指女人在三十、四十岁的时候,性欲强盛。

三岁弗吃鸡,到老不用医

意思是小的时候不吃像鸡肉那样难消化的食物,长大后就不会生病。说明幼儿的肠胃要特别注意保护。

色上有刀

意思是过于沉湎美色会招致杀身之祸。

伤筋动骨一百天

指损伤筋骨的疾病一般需要疗养一百天才能恢复健康。

上天远,入地近

比喻人奄奄一息,就快死了。

少不舍力,老不舍心

指年轻时不可用力超过极限,以免影响发育;老年人不可过度操心,以免有损精神。

少吃多滋味,多吃坏肚皮

意思是吃得少能品尝出食物的味道来,吃得太多会损伤肠胃。比喻吃得过量就有损身体健康。

少吃一口,安定一宿

想要平安不生病,饭不宜吃得过饱,特别是晚饭。

少年休笑白头翁,花开有得几时红

指花红了,不久就要凋谢。说明时光流逝极快,青春少年转眼就成白发老人。

身安抵万金

指人的平安、健康是非常难能可贵的。

身病好医,心病难治

生理上的疾病很容易治疗,心理上、精神上的创伤却很难医治。

身大力不亏

指身材魁梧的人力量就会大。

身发财发,量大福大

古时候指身体肥胖,就意味着财运到来,度量宽宏,自然福气就大。

身静养指甲,心静养头发

指身闲的人,指甲养得长;心静的人,头发长得长。

身面有汗莫当风

指身上、头部有汗时当着风站立,容易受风感冒。

身弱鬼来缠

意思是身体衰弱的人,魔鬼就来缠身。通常说明主事人软弱无能,坏人就会乘虚而入。

神丹不如药对症

意思是治病,不在于药有多名贵,即使灵丹妙药不对症对不会有疗效。

神农尝药千千万,可治不了断肠伤

神农:神农氏,上古圣君,亲自尝百草,治百病。断肠伤:指因过度悲伤或相思使肠断裂。意思是即使有千万种药却无法治好心上病。

生气催人老,笑笑变年少

指发怒对人的健康有极大的损伤,愉快高兴能使人益寿延年。

生死道上无老少

生死:这里指死。指在死亡的道路上,没有年龄大小之分。多指年轻人有时会死在年老人之前。

什么病吃什么药

指治病要对症下药。也比喻办事要根据不同情况采取不同方法。

是药能治病,当今无死人

意思是如果只要吃下药就能把病医好,那就不会有人因病而亡了。也指药只有对症才可见效,并非万能。

是药三分毒

意思是任何药品或多或少都有副作用。

树老根多,人老话多

指人年纪大了,说话唠叨,就像树老了根非常多一样。

树老见根,人老见筋

指树年月久了暴露出来的根很多,人年纪大了暴露出来的筋多,也指年龄一大,肌肤失去了光彩。

树老怕风摇

指树老了,经受不起大风的摇晃。比喻人老了,经受不住强烈的刺激。

树老生虫,人老无用

指人老了精力减弱办不成事,就像树时间长了会生虫被蛀空一样。

树老心空,人老百通

指人年纪大了,什么事情都经历过,什么人情事故都明白。

树老心空,人老颠东

颠东也就指糊涂颠倒。比喻人年长了,判断能力衰退,一言一行往往紊乱无条理。

树一老,遭虫咬;人一老,迷心窍

意思是人老了,容易被贪念迷住心窍。

水不流要臭,刀不磨要锈

指流动的水不会发臭,常磨的刀不会生锈。比喻身体必须经常运动,才能永葆健康。

水要深拔,病要浅治

意思是划桨划得深,船走得快;治病先治浅,疗效比较好。

说不出的,才是真苦;挠不着的,才是真痒

指有苦不能倾诉的,最为痛苦;有痒不能抓挠的,才真让人痒得难以忍受。也就是指埋在心里的痛苦是最折磨人的。

死后方知万事休

指生前的一切恩恩怨怨,死后全部消失。比喻人生应该珍惜美好生活,否则死去了一切都消失了。

死了家主妇,折了擎天柱

意思是一个家庭主妇去世了,就像天塌了下来一样悲惨。比喻持家离不开家庭妇女。

死了男人绝一房,死掉女人坍块墙

旧时指男尊女卑,死了男的是断根的大事,死了女的却像墙上掉了一块土块一样无足轻重。

虽有神药，不如少年；虽有珠玉，不如金钱

指即便有神奇的药可治疗顽疾，也比不上青春少年健康有生机；即使有昂贵的珠宝玉石，也比不上金钱在手，可以方便使用。

T

太平年月寿星多

意思是社会安定团结，长寿的人就增多。

贪吃贪睡，添病减岁；少吃多餐，益寿延年

指贪吃贪睡，容易生病减少寿命；每次控制一点，吃的次数增多，有益于健康长寿。

贪多嚼不烂

指吃东西贪多，无法细嚼消化，就会伤害脾胃。比喻如果仅仅追求数量，就会影响质量。

贪酒不顾身，爱色不顾病，争财不顾亲，斗气不顾命

意思是酗酒、贪色、好财、生气这四桩，都是伤害身体、危及生命的祸根。

贪钱郎中医不了病

郎中指中医医生。指贪财的医生缺乏治疗疾病的诚意。

贪人吃顿饼，三天不离井

即指贪吃的人，吃完饭后总觉得渴，喝水就多。讽刺喜欢占便宜的人总是自食其果。

瘫痨蛊疾，百无一生

痨指痨病，中医泛指结核病。蛊指的是中医学中的诸种虫蛇毒气，旧指得了瘫痪症、肺痨以及中蛊毒的人，基本都丧命。

桃养人，杏伤人，李子树下埋死人

也就是说桃吃了滋养身体，杏吃多了却伤害肠胃，李子吃多了对身体没有好处。

体力是个基础，拳术是个架子

意思是拳击格斗，主要靠强健的体魄，而不是靠拳术的花招。

天不能总晴，人不能常壮

指人不可能经常健康，就像天空不可能一直晴空万里一样。也指意外之事难免发生。

天黄有风，人黄有病

指天色昏暗预示要有大风，人的脸色发黄表示可能有疾病。

天君泰然，百体从令

天君指“心”，如果能心神镇定，身体各个器官就会听从使唤。也指主持事态的人镇定不慌，属下才能不慌乱。

天雷不打饿肚人

意思是对饥饿的人要多加谅解和照顾。

天冷不冻下力人

下力人指体力劳动者，指干活时体温增高不觉得冷。

天冷水寒，饥寒相连

指天寒时人身体能量消耗大，容易产生饥饿的感觉，饥寒是相连在一起的。

田父可坐杀

田父指农夫，指农夫体格强壮，但如果整天不运动，也会生病而死。也指多活动身体，有益于健康。

铁不锤炼不成钢，人不运动不健康

即指如同生铁不经受锤炼就无法成为好钢一样，人不参与体育运动就不会身体健壮。

铁不磨要锈，水不流要臭，人不动要减寿

指人要经常运动才能健康长久，就同铁要经常打磨才能光亮、水要经常流动才会清澈。

同病相怜，同忧相救

怜指怜惜和同情。指患有同样疾病和忧虑的人会相互同情，彼此理解帮助。

痛者不通，通者不痛

指的是肚子痛是由于肠胃不通，肠胃通了肚子也就不痛。也指身体某一部分疼痛是由于气血不通。

W

外科不治癣，内科不治喘

外科不愿治疗癣病，内科不愿治疗喘病。指癣和喘是绝症，不易治疗。

晚上脱了鞋和袜，不知清晨穿不穿

即指晚上脱下衣上床，不知道明早还能否穿衣下床，也指人的生死无常，谁也说不定命丧何时。

碗里不见青，肠胃倒钩心

青指青菜。指长期不吃青菜有害身体健康。

痿人不忘起，盲人不忘视

痿指中医学病名，指患者身体萎缩，筋脉衰退。也指身患疾病的人还想走路，双眼失明的人还记得看东西。比喻人总是怀念过去。

巫师斗法，病人吃亏

巫师指旧时以巫行医的人。指巫师互相斗起法来，倒霉的是病人。比喻大人物之间发生战斗，受罪的是老百姓。

无病即神仙

意思是人的身体舒适没有疾病，就会像神仙一样快乐。

无病一身轻，有子万事足

指没有病痛，全身舒服；有了儿子，一切都满足。

无钱买补食，早困当休息

即没钱买滋补品食用，就早睡觉多休息。也指睡眠充足能强健身体。

无钱买药吃,困困当将息

将息指休息调养。指穷人有病时买不起药,只把睡觉当作休养的办法。也指休息调养也有治病功效。

无钱药不灵

解释为不花钱财,药也治不好病。也指没钱什么事也做不成。

无求到处人情好,不饮从他酒价高

指只要无求于人,人们对你就表达友好;你不喝酒,不管酒价涨得多高,也不受影响,比喻于人无求、与世无争,便可获得超脱。

X

仙果难成,名花易陨

陨指陨落。指传说仙果几千年成熟一次,名花开放期很短暂。常比喻才气十足的男子、美若天仙的女子寿命都不长。

闲人愁多,懒人病多,忙人快活

指忙碌人的生活充满乐趣,闲散的人却充满愁病。

小病不治成大病,漏眼不塞大堤崩

小病不趁早治疗就会积累成大病,小漏洞不补救就会变成大漏洞,从而造成大堤崩溃。指小问题不趁早解决,迟早会造成大的祸患。

小儿欲得安,无过饥与寒

指想要小孩少灾少病,最好的办法是吃饭要少,衣服不要厚重。

小伢儿手多,老头儿嘴多

小伢儿指儿童。指小儿好奇心强,见到新鲜物品总爱动手摸弄;老年人经验丰富,总觉得年轻人办事不全面,往往会变成叨唠婆。

笑一笑,十年少

指心情爽朗,能使人延缓衰老,益寿延年。

心病还须心上医

心病指相思病,也指不好表露的隐情或隐痛。指精神方面的问题必须从精神上着手解决。换句话说,思想、精神上的病痛,无法用药物来医治。解决的途径要从思想、精神上入手,找出病根,才能救治。

心不忧伤,喜气洋洋;心不添愁,活到白头

指人在生活中要习惯忘却烦恼,做到心情畅快,乐观快活,自然健康长寿。

心沉坠死人

意思是人的心里压抑,负荷强大,会直接威胁到生命。

心宽增寿,愁能催老

指心胸开朗,有益于强体,使人长寿;郁郁寡欢,有损健康,催人早衰。

心里没病,不怕鬼叫门

意指没有做违法的事,心安理得,不会有恐慌之感。

心里痛快百病消

指人的心情明快，自然能减少疾病，有利于健康。

心则不竞，何惮于病

则指只是。竟也是强的意思。指担忧的是本身不强壮，如果强壮，哪里害怕什么病。也指自身强壮，就不怕外患。

新米粥，酱萝卜，郎中先生见了哭

指新米熬的粥，面酱腌的萝卜，吃了有益于身体健康，根本不用看医生。

虚不受补

即指病人如果身体过于虚弱，就不适合吃补品。

宣医纳命，敕葬破家

宣医指皇帝派遣医生。敕一般指皇帝的诏令。旧指大臣生病，皇帝命令医生诊治，本是好意，反而使病人丧命；大臣死亡，皇帝待命大葬，本是恩惠，丧家却被折腾得倾家荡产。

牙疼不是病，病杀无人问

指牙疼没有规律的发病时间，说疼就疼，疼起来撕心揪肺，别人无法体谅。

牙疼不是病，疼起来要人命

意思是牙疼虽然不是关乎性命的大病，但疼痛起来却叫人几乎丧命。

牙痛才知牙痛人苦

指只有经历过牙疼病的人，才知道牙疼病的滋味。比喻穷人最能互相体贴。

严霜故打枯根草

故指有意，故意。意谓灾祸偏偏降临到弱者头上。

阎王叫你三更死，谁敢留人到五更

俗指人的生死是早已安排好的，无法改变。比喻生命到了末期是无法延缓的。

眼见稀奇物，寿年一千岁

意思是能亲眼见到罕见的人或物，就等于丰富了生命的长度。

眼前一亮，胜如吃仔八样

八样指八色美味佳肴。指房间光线充足，比吃美食还有益于身体健康。

眼是五官门，耳是七窍窗

五官指耳、目、口、鼻、身，一般指脸上的器官。七窍指两眼、两耳、两鼻孔和口。指眼睛和耳朵是头部众器官的关键。

眼为心苗，苗伤根动

意思是眼睛连接着心，眼睛受到伤害，心就接连着疼痛。

养病如养虎

指有病不趁早治疗，就如同养老虎一样，危及人命。比喻有病不治，任其发展，就会很难治疗，后果是不堪设想的。

养痈成患,不如操刀一割

痈指皮肤或皮下组织化脓性炎症,表现为红肿硬块状。与其让脓包危害生命,倒不如彻底把它切除。比喻发现坏人应及时除掉,否则后患无穷。

药补不如食补

意谓用再好的药品滋养身体,也不如各种各样的食物营养齐全,对身体有好处。

药不对症,参茸亦毒

参茸:人参和鹿茸。参茸是滋补品,但若不对症乱补,也会给人带来伤害。比喻只有分析清楚问题,采取相应方法,才会事半功倍。

药不轻卖,病不讨医

意思是药不能随便卖给他人,医生不能招揽给人医病。

药不执方,合宜而用

意指用药不必拘泥于固定方子,只要有利治病就用。

药不治假病,酒难解真愁

意思是药不能治好装出来的病,美酒虽好但不能消除真正的烦恼。

药饵难医心上病

指心上的病灶,不是药物能消除的。

药能生人,亦能死人

指药能救助人的性命,也能置人于死地。言外之意是用药必须慎重。

药能医假病,不能医死病

指药只能治好那些假象性质的危急病状,而病情危险的绝症便无药可救。

药农不知草名,渔翁不知鱼名

以采药为业的药农,不能认识全部药草;以捕鱼为业的渔翁,不能说出所有鱼的名。也指药草与鱼类的种类繁多。

药投下方,只要一碗汤

如果药不对症,吃得再多也没有用;如果对症,一碗汤药便能把病治好。也指对症就是好药,不在用量大小。

药物三分治,精神七分疗

指治疗疾病时,药物治疗和精神治疗都很重要,而精神治疗的作用更不容忽视。

药医不死病

指药物只能救治不是绝症的病。指药物的作用有限度,不能包治百病。

药医不死病,佛度有缘人

度:超度。指药是用来治疗不会死的病人的,佛能帮助与佛门有缘的人逃离苦海。也指事情含有一定可能性的因素,但要经过努力才能如愿。比喻起死超升,都有限定。

药医不死病,死病无药医

指药能治好可以挽救的病人,病入膏肓的绝症病人就无药可救。

药医得倒病,医不倒命

古时候认为命中注定要死的,医药也无能为力。也指身患绝症,药物无法可治。

要长寿，多走路

意谓多走路是健康长寿的法宝。

要吃药，不可瞒郎中

只有向医生说出真实病情，才能对症下药，治好病。通常比喻求人办事，必须以诚相见。

要得健康，常晒太阳

即指常晒太阳是保持健康的方法之一。

要叫皮肤好，粥里加红枣

意思是粥不但可以充饥，而且有治病的功效，加红枣一起煮，又可调养皮肤。

要想吃饱饭，专看一窝旦

旦：戏剧中的旦角，这里泛指妇女。妇女病是最难医治的，有能力治妇女病的医生不愁没顾客。

要想身体壮，饭菜嚼成浆

意指吃东西细嚼慢咽，容易消化，有益于身体健康。

要想睡得美，就得打通腿

打通腿：指两人同盖一双被，抵足而睡。说明两人打通腿睡觉很温暖。

要做长命人，莫做短命事

意思是人要想长寿百岁，就不要做那些伤天害理、损人利己的事。

夜饭少吃口，活到九十九

指晚饭少吃点，对身体健康有好处。

一分精神一分福

指精力旺盛的程度越高，福分就越大。通常说明身体健壮、精神饱满，是人生的福分。

一勤生百巧，一懒生百病

指勤劳的人，什么事都能干好；要是懒惰成性，什么坏事都会发生。

一日三笑，不用吃药

指人精神饱满、笑口常开，就会身强力壮。

一树梨花压海棠

梨花：这里指老人的白发。海棠：这里指少女的容颜。意思是老夫少妻。

一碗饭能顶三服药

指治病靠药物，抗病靠饭食。意思是说病后恢复体力，饮食胜于吃药。

一夜不睡，十夜不足

一夜不睡觉，身体乏力，长久不能休息过来。意指要合理安排休息时间。

一夜五更，当不得一个早晨

意思是睡一整夜觉，还抵不过早晨一觉睡得香甜。

一夜筵赶不得一夜眠

意谓吃一夜筵席，也不如睡一夜觉。也指睡眠对身体健康非常重要。

一症配一药，跳蚤无涎捉不着

意思是什么病症就得什么药治，手指上不沾口水便捉不住跳蚤。比喻什么样人就要用什么方法去对付。

医不自医

指医生不能给自己看病。

医得病，医不得命；医得身，医不得心

医生可以治疗疾病，却不能让人起死回生；医生能治疗身体上的病症，但对心病却无能为力。

医家不忌

指医生是以救人性命为己任，不避忌世俗的风言风语。

医家怕四子

古代医生最怕给四种病人治病：痞子（胸腹懑闷结块的病人）、顿子（悲观厌世不愿求生的病人）、癫子（神经错乱的病人）、市子（或作“世子”，出身高贵的病人）。

医家有割股之心

割股指割下自己大腿上的肉来治疗父母的重病，古时候所认为的一种尽孝行为。比喻医生对病人有无私奉献的精神。

医家有空青，天下无盲人

空青：又名杨梅青，治眼病有奇效。指人间有了空青，就可治好所有眼病，天下就没有盲人了。

医生越老越好

指医生越老，医术经验越丰富。

医有医德，药有药品

意指行医有行医的道德，药物有药物的特性。

医杂症有方术，治相思无药饵

指各种疑难病症都有治疗方法，唯独相思病无药可医。

医者父母心

意思是医生对病人有一颗父母对子女那样的慈爱之心。

以财为草，以身为宝

意谓把钱财看作草木，把身体看作宝贝。通常指人要爱惜生命。

隐疾，难为医

隐疾：生在隐处不易发现的病。指不容易发现的疾病难以治疗。比喻把缺点错误掩盖起来，别人不好帮助，不容易改正错误。

英雄只怕病来磨

指英雄人物纵有呼风唤雨的气魄，一旦疾病缠身，也就无可奈何了。

硬汉经不住三泡稀

三泡稀：指一天拉三次稀屎。指身体再强壮的汉子，也经不住一天拉三泡稀。也指拉稀最损害健康。

硬汉子怕病魔

指再强壮的汉子，也经不住病魔的折磨。

庸人多厚福

古时候认为平庸没本事的人,往往富贵长寿。

庸医杀人

指医技低下,胡乱用药的医生,不但治不好病,反倒会加重病情。

忧思成疾疢

疢:病。指经常忧虑会酿成疾病。

忧易致疾,怒最伤人

指忧愁和暴怒最容易导致疾病,影响健康。

忧郁伤肝

意谓忧愁郁闷,会伤损肝脏。

油干灯草尽

形容病人已经生命垂危,死到临头,支撑不了多久。通常比喻生活困窘,已经到了山穷水尽的地步。

有病不忌医

指生了病就不应忌讳医生诊治。

有病不瞒医,瞒医害自己

得了病不能对医生隐瞒病情,对医生隐瞒,结果往往受害的是自己。

有病不治,常得中医

中医:中等水平的医生。因医有上、中、下三等。指上医为良医,下医为庸医,有病不请医生治疗,靠自身机能抵抗疾病,不失为中医。指患病不治比找庸医治疗还划算。

有病自己知

是否得病,自己心里最明白。意谓一个人最了解自己的缺陷。

有愁皆苦海,无病即神仙

意思是忧愁能使人陷入苦海,健康就是神仙的生活。说明健康的人是最幸福的。

有钱的药挡,没钱的命抗

指有钱的人生病靠药物抵挡,穷困的人生病只能听任命运安排,以命相抗。也就是说,有钱人一生病就找医生治疗,千方百计恢复健康;没钱人生病只能是听天由命,硬抗着。

有钱难买黎明觉

说明天快亮时的觉最甜美。

有三岁之翁,有百岁之童

指有的人过早地衰老,有的人虽老了,但犹如小孩一般。通常指精神与健康状况可在一定程度上改变人的年龄。

有什么别有病,没什么别没钱

意谓有什么都行,只要没病;没有什么都行,就是不能没有钱。指健康和金钱是人生最重要的两件事。

有药敷在疼处,有话说在明处

指有药敷在疼处,有益于医病;有话说在明处,免得猜疑。

与其病后能服药,莫若病前能自防

意思是病后服药,不如提早预防。也比喻事情发生后虽然有解决办法,也不如事前防范,不使其发生为好。

欲多伤神,财多累心

欲:欲望。指欲望太强、钱财过多就会给人们思想带来负担,最终影响健康。

Z

杂症好医,吏病难治

指一般的病症容易治疗,官吏贪赃舞弊的病无药可治。

在生一日,胜死千年

意思是活着总比死了好。多劝慰人们珍爱生命,珍惜生活。

早起早睡身体好

早晨早点起床,晚上早点休息,对健康是有好处的。

早上跑三步,饿死老大夫

大夫指医生。指早上跑跑步,对身体健康有益,根本不用请医生。

早生儿女早享福

古时候认为早生儿女,就可早得安闲,早享幸福。

扎针拔罐,病轻一半

拔罐:拔火罐儿,中医治伤风体痛的一种方法。指针灸和拔火罐,是很好的一种治病手段。

知足者常乐,能忍者自安

懂得满足的人能永远快活,能够宽容、忍耐的人永远是安宁的。

肢体疲软下,粥里放山楂

指人体四肢软弱无力,常饮山楂粥对身体有好处。

治病容易治心难

指肉体上的病易治,心上的病难治。说明心病不是医药所能治疗的。

治病要治本,刨树要刨根

指要想治好病,必须从病根入手,彻底治疗,就如同刨树必须挖根一样。

治了病治不了命

古时认为命中注定要死的病,是无论如何也治不好的。

治什么病,用什么药

意思是要对症下药。也比喻处理不同的人或事,要采用不同的手段。

治珠翳而剜眼,疗湿痹而刖足

翳:眼珠上的翳膜。剜:用刀子挖。湿痹:风湿症。刖:砍去脚。治疗眼珠上的翳膜而挖去眼珠,治疗风湿性关节炎而砍去脚。通常比喻不识本末,不分主次,不辨轻重的盲目行为。

壮夫不病疟

指身强力壮的年轻人不容易患疟疾病。

自病不能自医

意思是自己的病，自己下不了药。比喻自身的缺点必须借助外力才能改正。

纵欲催人老

指无节制地放纵性欲，必然会过早地衰老。

卷十三　股市谚语

入　市　篇

确定长期的投资目标和原则，为股票交易的首要问题。

股民是否具备经商的经验，与投资股票能否获利并没有必然的联系。

任何直接投资都是专业投资，而专业投资需要专业知识作基础。

防止在高价位套牢，是学习买卖股票的最重要的一课。

不要轻易地去劝别人买卖股票，股价最不容易预测，以免出错招怨。

能够亏损的最大范围，就是你能够投资的最大极限。

从事股票投资，会获得许多无形的收入。

选择投资目标要尽量符合自己的性格。

任何投资都需具备智慧性的忍耐力。

本业第一，股票投资为辅，做股票能帮助致富，却不可视其为事业。

不要把所有的财产都投入股市，更切忌借贷资金购买股票。

不急功近利，不三心二意，不沉溺玩股。

不要将短期周转资金去炒股票。

手中有股，心中无股。

新手怕大跌，老手怕大涨。

买入前要小心求证，三思而行。

看不懂、看不准、没把握时坚决不进场。

先学会做空，再学会做多。

不经历巨亏，不会被教育。

每次股市大跌，有多少个百万千万富翁消失，就会产生多少个百万千万富翁。

有钱自己说了算，有股市场说了算。对市场没有把握的时候，还是自己说了算。

证券投资有三要素：一是时间，二是报酬，三是风险。

如果你爱他，就劝他去做股票，因为那里是天堂。如果你恨他，就劝他去做股票，因为那里是地狱。

判　研　篇

选股不如选时，善买不如善卖。

低价格的股票,要比高价格的股票变动的幅度大。

凡领先股市上涨的股票,必会领先大势下跌。

大宗交易的出现,表示大量的换手。换手正是股价趋势反转的开始。

最徒劳无功的行为,莫过于试图去猜测大户与炒手的心理。

股价的短期变动与经济变化与公司业绩毫无关联。

任何股票操作的理论,都有其缺点,最值得信赖的是股民自己。绝大多数人看好时,股市就要下跌;绝大多数人看淡时,股价就要上升。

成交量可显示股价变动的情况,当成交量开始增加时,应加以注意。

股价上涨三步曲——盘底、突破、飞涨!

股市中的资金总是朝最有利的方向流动。

谁掌握了股市变化的“趋势”,谁就是赢家。

经验可以培养灵感,但灵感却不能完全依赖经验。

问题股,就是问题股,明知不对,少动为佳。

专买与经济专家观点相反的股票,也是一种别致的投资方式!

股票市场只有相对性、原则性,而无绝对性。股价在低档盘旋愈久,上档的幅度愈大。

人老生病,会先发烧,同理,由成交量可以看出股市是否生病了。

掌握不同行业的特性,才有获利的契机。

股价的升降并非漫无规则的。

买卖股票切忌过多地转换,犹豫不决时不要轻举妄动。

大跌之后成交量随股价的继续低落而增加,是买进时机。在购买股票时,要注意公司未来的获利潜力与目前股价间的关系是否合理。

没有只涨不跌的行情,也没有只跌不涨的行情。

股价指数连续三天更新,但成交量却依次递减,后市可能不妙。买入的时点是股票投资中最重要一环。

成交量激增,价位不动,是股市近顶的讯号。

投资股票要切实了解公司的经营情况,不可被一些不实数字所蒙骗。

洞悉力强,快人一步可能稳操胜券。

判断股票的成长或衰退,要看它与时代潮流的差距而定。

不因小利益而耽误了大行情,不因小变动而迷惑了大方向。

股价涨幅日渐缩小,成交量又每况愈下,是股价接近顶部的明显征兆。

不可用自己的财力估计行情,不应以赚赔多少而影响决心。

判断行情容易,下定决心困难。

守住 30 线,炒股不赔钱。

顶部 3 日,底部百天。

断头铡刀,逃之夭夭。

小阳,小阳,必有长阳。

底部跳空向上走,天打雷劈不放手。

高位跳空向上走，神仙招手却不留。

君子问凶不问吉，高手看盘先看跌。

如果说长线是金，短线是银，那么，波段操作就是钻石。

涨时重势，跌时重质。

短期均线最佳拍档：强调 5 日均线，依托 10 日均线，扎根 30 日均线。

股性是否活跃，是选股的重要标准之一。

选时重过选股。既选股、又选时，则更加完美。

再差的股都有让你赚钱的机会，关键是看介入的时机是否恰当。

整体行情是国家政策与市场主力共振的产物，个股行情则是庄家的独角戏。

先知先觉者大口吃肉，后知后觉者还可以啃点骨头，不知不觉者则要掏钱买单了。

持币时自己说了算，持股时则是市场说了算。

该跌的不跌，理应看涨；该涨的不涨，坚决看跌。

若个股走势脱离大势而自成一体，则完全是庄家资金介入的结果。

通过股家走势去研判庄家的意向，通过盘面变化去把握庄家的动向。

在股市上，凡夫的直觉有时会胜过行家的理论。

预测撒下种子，交易才有收获。

对股市懂得越多的人，越不轻易对市场行情发表意见。

不同种类的股票，没有好坏之分；同一种类的股票才有优劣之别。

选择股票，一要看发行公司信誉，二要看发行公司效益。

即使大势料得准，若是选错了股票，也不见得一定赚钱。

股票的投资价值是随时间的变化而变化的。

股价要涨，条件是有人买；股票要有人买，条件是看涨。

过去的行情走势，只能说明过去，不能保证将来。

股票是一张纸，本来没有生命，一旦在市场上交易，便立刻显示出个性来。

正如人的个性有沉默寡言的，有活泼好动的一样，股票的个性也有热门股和冷门股。

强势股票并非天生就是气势最强的，而是随时间、空间而变化的。

股市的特征就是这样，只要行情一有苗头，游资便不请自来。

股价走势的形成，需要很多因素逐渐形成，一旦形势已成，股价走势就变得难以遏阻了。

世上没有用来准确无误地预测股价走势的方法，如有，发明这种方法的人必须拥有市场上所有的股票。

就长期来说，股价的长都有据可依，不是毫无章法、乱哄一气的。

股市的变化就像气候的变化一样，有冷热之分。

历史会重演，股市亦然。

过去的股价变化形态，将来有可能会重复。

高值三日，低值百日。

因为跌价，所以要卖。因为大家争卖，所以就更跌。

大势疲软时，也有俏丽挺扬的股票；大势趋升时，也有晦气滑降的股票。

股票是会烂在手里的。

股票只有两种，一种是涨势中的，再一种是跌势中的，只要能分辨就行。

如果你持有的是一种此时你并不急切想买的股票，那么你就应该把它卖掉。

喜欢做某种股票的人，不论怎样打转，最后还会回头选择该种股票。

如果能同时拥有现金和股，就可以做到进退自如。

很多投资者在行情看好时，将资金一次投入，将力量一次用完；在行情看坏时，将持股统统卖出，这种做法，缺乏缓冲余地，以致常常坐失良机。

股价处于盘旋阶段时，不管是高档盘旋还是低档盘旋，最好的做法是坐以待变。

如果十个人中有9个人对行情看好，剩下的1个人除非意志力相当坚强，否则也跟着看好。

每当股价动向欠明朗时，往往也是投资者意见最多、最杂、最难一致的时候。

股价在一段相当的时间内，沿着一个特定的轨道，作一定方向的移动。

不能指望在股市的每个阶段都做对，只要对的时候比错的时间多就是成功者。

买价决定报酬率的高低，即使是长线投资也是如此。

利润的复合增长与交易费用和税负的避免使投资者受益无穷。

只投资未来收益确定性高的企业。

通货膨胀是投资者的最大敌人。

投资者财务上的成功与他对投资企业的了解程度成正比。

就算财政部长偷偷告诉你未来两年的货币政策，你也不要改变你的任何一个作为。

股市涨无顶，跌无底。抄底者必死。

股市久盘必跌。

投资者是1胜2平7赔钱。

中国股市只有买错，而没有踏空。

赚钱的空间是跌出来的。

反弹不是底，是底不反弹。

会买的是徒弟，会卖的是师傅，会休息的是师爷。

80%的股评家看空时，是买入股票的最佳时机。80%的股评家看多时，是卖出股票的最佳时机。

牛市中20%的技术指标正确，80%的技术指标不准确。

熊市中2%的技术指标正确，98%的技术指标不准确。

股市下跌时成交量可以不用放大，股市上涨时成交量不用放大。

熊市中逆向思维多了，牛市中很难做到正向思维。

技术指标是随着股价变动而变动，不是股价随着技术指标的变动而变动。

股市中偶然赚到的丰厚利润，他必然退还股市并且远远高于所得。

股市下跌，不需要任何理由。股市上涨也不需要任何理由。

股市为什么跌跌不止，因为大多数人还在看多。

股市为什么不涨，因为市场还没有遇到一个契机。

股市如果找到下跌原因之时，股市就是见底之日。

股市如果找到上升原因之时，股市就是见顶之日。

股市如果出现恐慌性抛盘，股市就是见底之时。

股市如果出现疯狂性买盘，股市就是见顶之时。

股票低价时买，高价时卖，说起来容易，做起来难。

知道一种股票的价格将上升的信息固然重要，但更重要的是要知道在什么时候买进，在什么时候退出。

价位本身具有调节功能。

股价的升降沉浮，是一个渐变的过程，今天 10 元收盘的股票，明天不会以 5 元开盘，也不会一夜间骤升到 50 元。如果某一股票能够长期站稳于某一价位之上，那这一价位即为合理价位。

在股票交易中，没有"常胜将军"。

关键的问题是，有了失败的经历，要善于总结经验，才有可能成为成功的投资者。

三分之一回跌，二分之一回涨。

股价上涨一段后，一般要回档三分之一；股价下跌一段后，一般要反弹一半。

消 息 篇

买卖股票，要想方设法收集第一手资料才能获胜。

于消息传出时买入(或卖出)，于消息被证实时卖出(或买入)。

做股票要自己研究，自己判断行情，不可因未证实的传言而改变决心。

自称对股市预测准确的人，往往是对股票一知半解。

相信道听途说的人，十之八九都是输家。

券商是股民的业务代理，不是股民的投资顾问。

不因突发性的好坏消息而改变初衷，买进或卖出。

所有股票操作的理论，既有它的优点，也都有它的缺陷！

迷信内幕消息，容易吃亏上当！

进货靠消息，出货靠自己。

行情在绝望中产生，在犹豫中发展，在欢乐中死亡。

资金流向排行榜是主力调兵遣将的显示屏。

量比排行榜是个股异动的红外线监测器。

技术指标不是看它本身，而是看市场对指标的反应和背离。

世上最不值钱的东西是从不诚恳的人那里得到的投资建议。

消息是股价波动的催化剂。

股票的奇妙之处就在于它的变化性。

无论是什么消息，只有使供求状况发生变化，才能决定股价。

好消息出现是卖的时候,坏消息出现是买的时候。

靠自己的耳朵去听正确消息,靠自己的眼睛去看真实情况。

不要因为一个升降单位而贻误时机。

操作篇

不要与股市行情作对,不要为特定的需要去从事投机。

只要比别人多冷静一分,便能在股市中脱颖而出。

不要妄想在最低价买进,于最高价卖出。

股票买卖不要耽误在几个“申报价位”上。

放长线钩大鱼,好酒放得愈久愈香。

以投资的眼光计算股票,以投机的技巧保障利益。

买股票如学游泳,不在江河之中沉浮几次,什么也学不会。

天天都去股市的人,不比市场外的投资者赚钱。

专家不如炒家,炒家不如藏家。

股市无常胜将军。

赚到手就存起来,等于把利润的一半锁进保险箱。

分次买,不赔钱;一次买,多赔钱。在行情跳空开盘时应立即买进或卖出。

剪成数段再接起来的绳子,再接起来一定比原来的短。

买卖股票,短线操作者最后肯定不如长期投资者的人获利得多!

上升行情中遇到小跌要买,下跌行情中遇到小涨要卖。

卖出时动作要快,买进时不妨多斟酌。

放不过机遇,就躲不过风险。

股票没有好坏之分,买股票就怕炒来炒去,见异思迁,心猿意马。

什么时候买比买什么更重要,选择买的时机比选择买什么股票更重要。投资股票千万不要追价买卖。

看大方向赚大钱,看小方向赚小钱。

买卖股票是为了盈利,但要学会将盈亏置之度外。

忙于工作的股民,不妨选择定量定时投资法。

可由“买少量、买多样”来体验股票赚钱之道。

市场往东,你最好不要往西,喜欢和市场做对的人没有好下场。

黑马股可遇不可求,投资胜票仍应以踏实为主。

不要因为一个升降单位而贻误时机。

申购新股票要慎重选择,股民吃亏上当的事已屡见不鲜。

投资人,为成功的投机;而投机人,乃失败的投资。若要在不安定中寻找安定,买进股票最好不要超过 3 ~ 5 种。

买进一流大公司的股票,乃是正确的,但应注意其未来的发展性。

股市里买进机会多,卖出机会少。

对投资者而言，能利用较短的中期趋势，要比作长期趋势所得更多。

不在成交大增之后买进，不在成交量大减之后卖出。

总股本少的公司股票，容易产生黑马。

横有多长，竖有多高。

牛市不言顶，熊市不言底。

暴涨不买，暴跌不卖。

炒股要炒强，赚钱靠头羊。

多头不死，跌势不止。

炒股如种粮，春播秋收冬藏。

鸡蛋不要放在一只篮子里。

吃鱼吃中段，头尾留别人。

选质不如选时。

布林线高位开口，观音菩萨来保佑。

能量潮稳步走高，五线向上牵大牛。

能量潮高走前面，日后股价节节高。

三阴灭不了一阳，后市要看涨。

一阳吞没了十阴，黄土变成金。

多线共振是大牛，观音菩萨护着走。

找此股票满仓入，三度统一牵金牛。

小小杠杆轻又轻，压着股价头难伸。

一旦冲破压力线，托着股价上天庭。

芝麻点里藏金子，极小量中有好股。

上山爬坡缓慢走，烘云托月是小牛。

量能缩小不可怕，速率改变转中牛。

学会做散户的叛徒，就是与庄家为伍。

英雄是时代的产物，龙头是行情的需要。

拳头往外打，胳膊往里弯。

只有胳膊往里弯，拳头往外打才有空间和动力。股价下跌，实际上是为将来的上涨腾出空间和积蓄能量而已。

不要费尽心思去抄底和逃顶。

顶部和底部是自然形成的，不是人为设定的，能够吃到中间一段已经算是成功。

文武之道，一张一弛。

买卖股票应忌贪战、恋战，更忌打持久战。适当的休息是为了更好地迎接。

无招胜有招

做技术分析最重要的是要随机应变。分析工具可以帮助你把握股价变动的脉搏，但最终还是要跳出分析工具的条条框框，去寻找一种行云流水般的自然和流畅。无招并非真的没有招数，它是指忘掉固定的招数，将自我融入其中，合二为一，这才是最高境界。

投机像山岳一样古老

投机游戏的本质不会变，人的本性也不会变，贪婪、恐惧、绝望、狂喜，而结局常常在开始的时候就已经注定。

人弃我取，人取我予

作为自己一种最基本思维方式来运用，多用这种方式去思考问题，保持对各种预言的警惕，并努力在别人贪婪的时候谨慎一些，而在别人恐惧的时候大胆一些。

只有持股才能赚大钱

真正能使你赚到钱的真功夫就是如何持股，这其实并不简单，它需要长期的投资经验积累，心理素质的不断提高，使用控制风险的有效方法。

企业价值决定股票长期价格

供给与需求创造价格短期波动，企业内在价值决定长期波动方向。

不要轻易预测市场

从基本面入手寻找一些有长期价格潜力的股票，结合一些技术方法，适当控制风险，尽量长期持住股票，而对于长期的市场走势给予一个轮廓式的评估。

股市的下跌如一月份的暴风雪是正常现象。

这句话是彼得林奇的《战胜华尔街》里的一句，“其实股市的下跌如一月份的暴风雪是正常现象，如果有所准备，它就不会伤害你。每次下跌都是大好机会，你可以挑选被风暴吓走的投资者放弃的廉价股票。”我觉得这句话很形象地说明了股票市场的周期性，人们在春、夏、秋、冬的轮回中不知不觉，而对股票市场的涨跌却经常感到惊讶，其实股票市场的涨跌起伏是多么的正常。

尽量简单

这句话是美国技术分析专家约翰墨菲的《股价（期货）技术分析预测学》一书中在引言中反复强调的一句话，他的意思是使用技术分析的时候“尽量简单”，所谓的尽量简单就是掌握核心思想而运用之，如趋势一旦形成短期不可逆转。选股要选领涨股等。尽量使自己的投资理念、投资原则简单，事情简单了也会就变得清晰了，对自己的投资行为约束也就变得有力了，不符合自己原则的事情也就容易抵制了，如阿甘一般，质朴、简单的生活蕴涵着乐趣与真正的智慧。

不断的减少交易

巴菲特曾讲过：“钱在这里从活跃的投资者流向有耐心的投资者。许多精力旺盛的有进取心投资人财富渐渐消失。”其实不管你的理念怎样，是投机者或投资者，这句话都适用。减少你的错误就先从减少交易开始吧。

远离市场，远离人群

《乌合之众》一书讲：人群中积聚的是愚蠢，不是天生的智慧。炒股的心态与你与人群的距离成反比，不要推荐股票，少去谈论股票，与市场的人群保持距离，与每日的价格波动也要尽量远点，不要让行情机搅浑你本已清澈的交易理念。孤独其实是一种特殊的力量，如果你体会到了孤独感并且是快乐的，那么恭喜你，你的心灵是强大的。在股市这个嘈杂的市场里，是最应该自守孤独的地方。知止而后能定，定而后能静，静而后能安，安而后能虑，虑而后能得。

在中国任何节假日不要持股过节。

证券投资不要死守一棵树。

不能指望在股市的每一个阶段都做对，只要对的时候比错的时间多，就是成功者。

不要买过分冷门的股票，否则一年到头不能交易，饱受难以变现之苦。

市场性浓厚的股票有进出灵活的好处，多头喜欢它，空头也喜欢它。

在多头初期可做投机性浓的热门股，在多头后期可做业绩好的冷门股。

在社交场合里，交易广泛的热情人引人注意。在股市里，交易频繁的热门股为投资者青睐。

行情怎么来，就怎么去。

股价有离谱的涨法，也就有快速的跌势。

股价跳空地挺升，也就跳空地下降。

把握一次股价的机会，要比不断抢进抢出有利得多。

在股市里逐利，盈亏的分界，说穿了就是时机两个字。

只要股市存在，就会有赚钱的机会，也会有亏损的遭遇。

投资和划船一样，顺势而为，则可收到事半功倍的效果，若是逆着股价趋势，就常常吃力不讨好。

看准一日行情，便可受用不尽；看准三日行情，既能富甲天下。

精明的投资者，总是在行情涨过了头时，卖出股票；在行情跌过了头时，进场捡便宜货。

每当股价急剧挫落，很多投资者亏损时，一个新的获利机会就到来了。

上升趋势的回档要买，下跌趋势的回升好卖。

吃进时应小心谨慎，吐出时要当机立断。

如果总是慢半拍，跟在别人后面亦步亦趋，即使能获利，也十分有限。

股价涨跌自有它的道理，至于涨过头和跌过头，却是市场心理过度乐观或过度悲观所致。

股价连续涨三个停板以上，出现一天的反转，应立即卖出；股价连续跌三个停板以后，出现一天的反转，应立即买进。

在大家都准备买进时你先买，在大家都准备卖出时你先卖。

投资新手最容易在股价快速上升或出现高成交时买进，然而此时相反地变动正要开始。

如果做两次交易都不顺手，就应该歇歇了。

投入股票的金额，不要超过可以承受损失的能力。尤其是对全额交割，更应特别小心。

以上涨三成作为卖出目标，这是制订投资目标的基准，也是买卖股票方法之一。

最大价下跌，或量大价不跌，如出现在股价大的涨幅之后，应断然出局以保战果，须知股价上涨必须有增量的配合。

利用市场的愚蠢，进行有规律的投资。

追踪关键玩家的活动，掌握股价波动的内涵。

哪些机构和哪些原因可能会影响股价，哪些人和哪些因素正在影响股价，他们的动机何在？弄懂这些东西比弄懂那些搞不懂的技术原因更重要。

在做市场分析的时候，成交量是第一位重要的，价格是第二位重要的，股东风格是第三位重要的，风险底线是第四位重要的，题材刺激性是第五位重要的。

保留明天的交易实力，其重要性超过今天能否获利。

买股票的速度要慢一些，特别是在成交量没有达到连续强势的时候（沪市 150 亿），这个时候买的次数要做好有三次以上。但是卖的时候要果断，不能犹豫。交易不是生死一搏的赌局。留得青山在，不怕没柴烧。

最棒的交易往往是那些自己知道是低风险，但又害怕或者想等到更好的时机。

不要告诉我，你能够通过盘面知道这只股票的细节。你不可能知道。

关键的是掌握上场的关键点（政策市、主力市、消息市）和个股的关键点（主力风格、成交量能、炒作题材），如果有必要还要加上一份耐心，这种耐心是分批买进的耐心和持股的信心，除非买的原因已经消失。

把交易经验记录在交易日志中，随时翻阅。

多数投资者往往要被同一块石头绊倒多次，我们不得不怀疑这些投资者的财智能力。如果你失败的次数太多了，就改改原来的习惯吧。在交易中注意两点，永远买现金流充裕、市盈率最低中的股价最低的股票，买股票的时候要做好三次补仓的打算，该股每次大涨都要最少卖掉一半，这是世界上最笨但可能是最容易赚钱的方法，70% 人的方法不比这个方法好。

如果错了一次买进的良机，就把它忘记。

股市上的机会无穷无尽，只要你有足够的耐心且保持镇定，你总能抓住一两次大行情。

抓大行情

股市不能天天泡，怎会日日有行情，年年有次底和顶，抓住一次就大赢。

看大走势

不识股市真面目，只缘身在股市中，跳出股市看股市，才能看清大走势。

守株待兔

股市风水轮流转，今年不赚明年赚，捂住股票兔撞树，长线投资赚大钱。

辨听股评

专家是人不是神，不会回回测的准，股评一分为二听，是买是卖自己定。

半仓操作

股市变幻有风险，千万不要满仓干，半仓操作最安全，留有余地好回旋。

技术指标

技术指标虽然好，不可生搬和硬套，操作当中灵活用，才能抄底和逃顶。

量价关系

股价未动量先行，放量推动价上升，先见天量后天价，量若不增价到顶。

底部建仓

某股底部放大量，预示此股就要涨，及时跟进建上仓，稳稳坐在轿子上。

高位出货

高位长阳放巨量，庄家拉高出货忙，紧跟庄家把货出，以免套在高位上。

及时止损

高位下跌莫慌乱，及时止损是关键，当机立断别犹豫，免得高位套牢你。

股市中习惯贪图小利，他一定会丢掉大的机会。

听别人的建议做股票，他永远不会做股票。

任何波浪形成都是庄家做出来的，并为庄家服务。

股市无庄不活。

好的股票为什么不涨，因为有很多人在抢庄。

跌势中为什么总有亮点，因为臭庄们在自救。

如果你找到一个技术指标缺陷，你就获得一个小智慧；如果你找到每一个技术指标的缺陷，你就会获得大智慧。

风 险 篇

放不过机遇，就躲不过风险。

“安全至上”的人，请远离股市为妙。

股票市场中小户被大户套牢，是司空见惯的事情。

股市回跌超过三分之一，就是响起警报了。

可买时买，应卖时卖，须止时止，安全第一，稳当至上，莽撞则失，贪心则贫。

不可将所有的资金都投资于一种股票，应尽量分散股票的种类。没有相当丰富的经验，千万不要做买空卖空的交易。轮到问题股上台表演时，牛市即将落幕。股利弹性大的公司，股价愈不稳定。

买股票若仅是在买卖股票的“数字”上下工夫，便是标准的投机而不是投资了。

股民的人数与股票指数成正比，股市的风险也与股票指数成正比，只有股民的投资收益与股票指数成反比。

在自己认定已经获得足够利润时，就要立即抛出，留一些“缝”给后手，要记住，在股市中赚取利润的唯一方法就是首先不遭损失。

股价暴涨，宜减量经营，切忌搞透支信用交易，加码操作，更忌高价追买。

喜欢在股市中“捡便宜货”的人，捡到“破烂”的几率极高。

抑涨卖跌，知能赚钱就行。不宜太贪，否则连老本都保不住。

谁笑到最后，谁赔得最惨。

避免在“鸡犬升天”的市场中久留。

从事股票投资，应有一点功德，留点利润给别人吧！

散户大举入市的时候，正是大户出货的最佳时机。

千万别捞底捞到油锅里，摸顶摸到刀刃上！

投资进，投机出。

识马者长途，识险者长足。

割肉空仓，赚钱不慌。

顺大势者昌，逆大势者亡。

涨势形成不得不涨，跌势形成不得不跌。

通道堵塞赶紧溜，通道不堵就不走。

高位十字星，不走变穷人。

大牛变疯牛，天量到了头；

贪婪与恐惧，投资之大忌。

侥幸是加大风险的罪魁，犹豫则是错失良机的祸首。

伴君如伴虎，跟庄如跟狼。

降通道抢反弹，无异于刀口舔血。

适可而止，见好就收，一旦有变，落袋为安。

最大的利好是跌过头，最大的利空是涨过头。

在股市里，利润高的地方，风险也大。

一个好的预测者，如果他是一个很糟糕的交易者，照样会破产。

投资好股票，小钱变大钱；投资坏股票，大钱变小钱。

股市是离金钱最近也离金钱最远的地方。

投资股票，赚钱是诱惑力，容易变现是安全感。

过热的股票的背后，往往有大户投资者在操纵，你认为稳赚大钱的时候，可能已到了惨败的时候。

证券投资的风险无法消除，但能分散。

在股市里，利润高的地方，风险也大。

心　态　篇

买入靠耐心，持有靠信心，卖出靠决心

三句话把投资中具体的投资行为的原则讲得简明、彻底、透彻，回顾自己的投资经历，几乎所有的错误也囊括在这三句话里。

对赔钱要有心理准备，害怕赔钱永远也赢不了。

一流交易员充分认识到，在交易市场上赔钱是市场交易的组成部分，关键是要有补救的后续措施。再没有比害怕赔钱更容易赔钱的了。如果你经受不住这种损失，你就可能以血本无归而告终。

我们要非常稳定地赚钱，不要去猜、去赌和无奈地等

不带情绪地对待交易对象，客观与中性。期待将影响预期，情绪将干扰理智，无知将导致固执。

一个深刻了解股市的最好办法就是彻底了解自己。

对股市的了解，在一系列的自我评价中产生。因为我了解自己，所以我获得了比别人更多的对股市的了解。

心态第一,策略第二,技术只有屈居第三了。

当媒体的观点一边倒时,你应冷静地站到他们的对立面去。

耐心是制胜的关键,信心是成功的保障。

老手多等待,新手多无奈。

频繁换股已表明信心不足。

买卖要富有弹性,不要斤斤计较。

投资者必须充分认识股票投资上存在的风险,只有这样,才能临险不乱,遭险不悔。

理智的投资原则是:知进退,不贪多,不急躁。

今天受损,还有明天。

买进时不妨慢,卖出时则必须快。

输了就要认输。

投资大众的投资心理有一种倾向,即行情好时更加乐观,行情跌时更加悲观。

股市上的芸芸众生,竞相买低卖高,因而引起彷徨、迷惑、不安和焦急之情。

会做股票的人,一年只做少数几次就够了;赚了钱而舍不得离开的人,终究会亏了老本。

股市是贫穷变富有,或富有变贫穷的神奇场所。

如果晚上睡不着觉,那么就卖掉你的股票吧!

卖出时要决心果断,卖出后要经常看看。

对于一件事具有兴趣,您就成功了一半。

犹豫不决时,即应停止行动,这正表示行情尚未明朗。

买进靠耐心,卖出靠决心,休息靠信心。

胆量大、心思细、决心快是成功的三项条件。

买卖得心应手的时候,切忌得意忘形。

任何时候不满仓,有助于保持平常心态。

自古圣者皆寂寞,惟有忍者能其贤。

买卖都不顺手的时候应立即退出来,待调整好状态之后再寻战机。

贪与贫不仅仅是"一点"之差,而只是一念之差。

知错即改,切忌小错酿大错;保存实力,才有翻身的机会。

常赚比大赚更重要,它不仅是你的资金雪球越滚越大,而且可以令你保持一个良好的心态。

不断地吸纳股性,不断地忘却人性,只有这样,才能与市场融为一体。

有子万事足,无股一身轻。

先战胜自己,再战胜庄家。

股市永远蕴藏着机会,只要善于寻找,善于掌握,定能获胜。

如果存在疑虑,不要采取行动。

行情曲线能看出人世百态。

行情曲线是投资大众所创造的艺术。

股价走势难以把握的原因之一，是投资心理的善变性。

股性是股票对股市的适应程度，正如人品是人对社会规范的适应程度。

投资股票的三段式：买进，卖出，休息。

投资者的基本信条之一就是戒贪。

对买感到安心时应该买，对卖感到安心时应该卖。

市场心理倾向于买的时候要买，倾向于卖的时候要卖。

贪婪是危险的，它是一个失去控制的火车头。

一个稳健成功的投资者，要有恒心，不能半途而废。

投资大众盲目时，谁清醒，谁赚钱。

具有一定水平的证券投资者追求的是修养。

股票交易不要性急，来日方长，不愁买不到好股票。

行情板是最真实的。

冲动的投资赚不到钱。

唯有休息才能保障即得之利益，唯有休息才能养足精神，争取下一回合的胜利。

拥有一只股票，期待它下个星期就上涨，是十分愚蠢的。